KUMON MATH WORKBOOKS

Multiplication

Table of Contents

KUM◯N

Addition Review

Level ☆

Date / /

Name

Score

/100

1 Add.

2 points per question

(1) 13
    +24

(2) 25
    +32

(3) 34
    +42

(4) 40
    +26

(5) 53
    +30

(6) 35
    +15

(7) 36
    +25

(8) 46
    +33

(9) 47
    +33

(10) 17
    +38

(11) 24
    +29

(12) 39
    +15

(13) 37
    +25

(14) 50
    +40

(15) 30
    +51

(16) 32
    +49

(17) 43
    +27

(18) 44
    +38

(19) 18
    +63

(20) 29
    +66

2 Add.

(1)
```
   4 3
 + 3 5
```

(2)
```
   4 8
 + 3 5
```

(3)
```
   6 3
 + 3 2
```

(4)
```
   6 4
 + 5 5
```

(5)
```
   4 1
 + 6 6
```

(6)
```
   3 7
 + 6 3
```

(7)
```
   5 0
 + 7 8
```

(8)
```
   5 2
 + 7 4
```

(9)
```
   5 8
 + 7 4
```

(10)
```
   5 6
 + 6 2
```

(11)
```
   5 6
 + 6 7
```

(12)
```
   6 0
 + 8 0
```

(13)
```
   8 3
 + 6 4
```

(14)
```
   7 3
 + 6 9
```

(15)
```
   5 4
 + 7 8
```

(16)
```
   6 3
 + 3 9
```

(17)
```
   6 8
 + 4 9
```

(18)
```
   7 5
 + 6 0
```

(19)
```
   7 5
 + 4 6
```

(20)
```
   8 7
 + 2 8
```

Do you remember your vertical addition?

3

1 Add.

2 points per question

(1)
```
  3 1 6
+   5 2
```

(2)
```
  4 5 6
+   4 3
```

(3)
```
  3 2 4
+   6 8
```

(4)
```
  2 5 3
+   5 1
```

(5)
```
  7 6 6
+   8 2
```

(6)
```
  2 3 9
+   8 4
```

(7)
```
  6 7 4
+   3 8
```

(8)
```
  4 3 6
+   6 5
```

(9)
```
  1 5 6
+ 4 3 2
```

(10)
```
  4 2 5
+ 3 7 4
```

(11)
```
  2 5 3
+ 4 3 9
```

(12)
```
  4 6 8
+ 3 4 0
```

(13)
```
  2 9 4
+ 3 6 3
```

(14)
```
  1 4 7
+ 2 7 5
```

(15)
```
  2 4 7
+ 1 6 3
```

(16)
```
  1 4 5
+ 7 5 6
```

(17)
```
  5 6 8
+ 2 3 7
```

(18)
```
  7 5 3
+ 4 3 7
```

(19)
```
  6 9 2
+ 7 2 4
```

(20)
```
  7 6 8
+ 2 3 7
```

② Add.

3 points per question

(1)
```
  3 7
+ 5 6
```

(2)
```
  4 8
+ 2 6
```

(3)
```
  5 3
+ 6 4
```

(4)
```
  5 7
+ 9 5
```

(5)
```
  6 6
+ 3 4
```

(6)
```
  3 4 8
+   2 7
```

(7)
```
  5 7 6
+ 1 9 4
```

(8)
```
  2 4 9
+ 3 2 5
```

(9)
```
  4 6 7
+ 3 9 4
```

(10)
```
  3 9 4
+ 4 1 5
```

(11)
```
  7 3 2
+ 1 6 8
```

(12)
```
  4 2 8
+ 5 4 3
```

③ Add.

3 points per question

(1)
```
  1 4
  2 3
+ 3 5
```

(2)
```
  2 5
  1 2
+ 3 9
```

(3)
```
  3 2
  5 1
+ 6 4
```

(4)
```
  2 7
  1 8
+ 3 9
```

(5)
```
  4 5
  1 3
+ 7 5
```

(6)
```
  5 8
  2 5
+ 4 3
```

(7)
```
  2 4
  1 7
+ 4 8
```

(8)
```
  3 8
  5 5
+ 4 1
```

Well done! Are you ready to review multiplication?

Multiplication Review

Level

Date / /

Name

Score

/100

1 Multiply.

1 point per question

(1) $2 \times 5 =$

(2) $2 \times 6 =$

(3) $2 \times 7 =$

(4) $3 \times 5 =$

(5) $3 \times 6 =$

(6) $3 \times 7 =$

(7) $4 \times 5 =$

(8) $4 \times 6 =$

(9) $4 \times 7 =$

(10) $5 \times 5 =$

(11) $5 \times 6 =$

(12) $5 \times 7 =$

(13) $2 \times 1 =$

(14) $2 \times 2 =$

(15) $2 \times 3 =$

(16) $2 \times 4 =$

(17) $3 \times 1 =$

(18) $3 \times 2 =$

(19) $3 \times 3 =$

(20) $3 \times 4 =$

(21) $4 \times 1 =$

(22) $4 \times 2 =$

(23) $4 \times 3 =$

(24) $4 \times 4 =$

(25) $5 \times 1 =$

(26) $5 \times 2 =$

(27) $5 \times 3 =$

(28) $5 \times 4 =$

(29) $2 \times 8 =$

(30) $2 \times 9 =$

(31) $2 \times 0 =$

(32) $3 \times 8 =$

(33) $3 \times 9 =$

(34) $3 \times 0 =$

(35) $4 \times 8 =$

(36) $4 \times 9 =$

(37) $4 \times 0 =$

(38) $5 \times 8 =$

(39) $5 \times 9 =$

(40) $5 \times 0 =$

2 Multiply.

(1) $3 \times 4 =$

(2) $5 \times 8 =$

(3) $2 \times 9 =$

(4) $4 \times 6 =$

(5) $5 \times 0 =$

(6) $2 \times 5 =$

(7) $3 \times 7 =$

(8) $4 \times 1 =$

(9) $3 \times 2 =$

(10) $5 \times 4 =$

(11) $2 \times 2 =$

(12) $4 \times 9 =$

(13) $5 \times 3 =$

(14) $2 \times 7 =$

(15) $3 \times 8 =$

(16) $4 \times 4 =$

(17) $3 \times 0 =$

(18) $5 \times 7 =$

(19) $2 \times 4 =$

(20) $4 \times 3 =$

(21) $5 \times 6 =$

(22) $2 \times 8 =$

(23) $4 \times 5 =$

(24) $3 \times 6 =$

(25) $2 \times 1 =$

(26) $4 \times 8 =$

(27) $5 \times 5 =$

(28) $3 \times 9 =$

(29) $4 \times 2 =$

(30) $5 \times 9 =$

Don't forget to check your answers when you're done!

1 Multiply.

1 point per question

(1) $7 \times 5 =$

(2) $7 \times 6 =$

(3) $7 \times 7 =$

(4) $6 \times 5 =$

(5) $6 \times 6 =$

(6) $6 \times 7 =$

(7) $9 \times 5 =$

(8) $9 \times 6 =$

(9) $9 \times 7 =$

(10) $8 \times 5 =$

(11) $8 \times 6 =$

(12) $8 \times 7 =$

(13) $7 \times 1 =$

(14) $7 \times 2 =$

(15) $7 \times 3 =$

(16) $7 \times 4 =$

(17) $6 \times 1 =$

(18) $6 \times 2 =$

(19) $6 \times 3 =$

(20) $6 \times 4 =$

(21) $9 \times 1 =$

(22) $9 \times 2 =$

(23) $9 \times 3 =$

(24) $9 \times 4 =$

(25) $8 \times 1 =$

(26) $8 \times 2 =$

(27) $8 \times 3 =$

(28) $8 \times 4 =$

(29) $7 \times 8 =$

(30) $7 \times 9 =$

(31) $7 \times 0 =$

(32) $6 \times 8 =$

(33) $6 \times 9 =$

(34) $6 \times 0 =$

(35) $9 \times 8 =$

(36) $9 \times 9 =$

(37) $9 \times 0 =$

(38) $8 \times 8 =$

(39) $8 \times 9 =$

(40) $8 \times 0 =$

2 Multiply.

2 points per question

(1) $7 \times 4 =$

(2) $9 \times 8 =$

(3) $6 \times 9 =$

(4) $8 \times 6 =$

(5) $9 \times 0 =$

(6) $6 \times 5 =$

(7) $7 \times 7 =$

(8) $8 \times 1 =$

(9) $7 \times 2 =$

(10) $9 \times 4 =$

(11) $6 \times 2 =$

(12) $8 \times 9 =$

(13) $9 \times 3 =$

(14) $6 \times 7 =$

(15) $7 \times 8 =$

(16) $8 \times 4 =$

(17) $7 \times 0 =$

(18) $9 \times 7 =$

(19) $6 \times 4 =$

(20) $8 \times 3 =$

(21) $9 \times 6 =$

(22) $6 \times 8 =$

(23) $8 \times 5 =$

(24) $7 \times 6 =$

(25) $6 \times 1 =$

(26) $8 \times 8 =$

(27) $9 \times 5 =$

(28) $7 \times 9 =$

(29) $8 \times 2 =$

(30) $9 \times 9 =$

Good job! Let's keep going!

Multiplication Review

Date / /

Name

Score /100

1 Multiply.

1 point per question

(1) $3 \times 4 =$

(2) $5 \times 2 =$

(3) $7 \times 1 =$

(4) $2 \times 6 =$

(5) $4 \times 8 =$

(6) $6 \times 4 =$

(7) $8 \times 3 =$

(8) $3 \times 7 =$

(9) $5 \times 6 =$

(10) $7 \times 4 =$

(11) $9 \times 5 =$

(12) $2 \times 8 =$

(13) $4 \times 7 =$

(14) $6 \times 9 =$

(15) $8 \times 5 =$

(16) $9 \times 6 =$

(17) $7 \times 7 =$

(18) $5 \times 5 =$

(19) $3 \times 9 =$

(20) $2 \times 5 =$

(21) $4 \times 4 =$

(22) $6 \times 2 =$

(23) $8 \times 4 =$

(24) $9 \times 1 =$

(25) $7 \times 8 =$

(26) $5 \times 9 =$

(27) $3 \times 2 =$

(28) $6 \times 5 =$

(29) $8 \times 9 =$

(30) $5 \times 1 =$

(31) $7 \times 3 =$

(32) $3 \times 8 =$

(33) $6 \times 7 =$

(34) $3 \times 3 =$

(35) $4 \times 6 =$

(36) $9 \times 7 =$

2 Write the appropriate number in each box.

4 points per question

(1) $3 \times 7 = 7 \times \boxed{}$

(2) $4 \times 6 = \boxed{} \times 4$

(3) $5 \times \boxed{} = 7 \times 5$

(4) $\boxed{} \times 8 = 8 \times 9$

3 Multiply.

1 point per question

(1) $4 \times 7 =$

(2) $8 \times 0 =$

(3) $5 \times 2 =$

(4) $1 \times 4 =$

(5) $7 \times 5 =$

(6) $0 \times 3 =$

(7) $3 \times 6 =$

(8) $0 \times 6 =$

(9) $5 \times 9 =$

(10) $1 \times 7 =$

(11) $9 \times 2 =$

(12) $0 \times 5 =$

(13) $6 \times 4 =$

(14) $1 \times 1 =$

(15) $8 \times 8 =$

(16) $0 \times 2 =$

(17) $2 \times 4 =$

(18) $1 \times 9 =$

(19) $6 \times 7 =$

(20) $4 \times 0 =$

(21) $8 \times 3 =$

(22) $0 \times 7 =$

(23) $4 \times 5 =$

(24) $0 \times 1 =$

(25) $2 \times 8 =$

(26) $1 \times 0 =$

(27) $9 \times 6 =$

(28) $0 \times 4 =$

(29) $5 \times 3 =$

(30) $7 \times 0 =$

(31) $0 \times 0 =$

(32) $6 \times 6 =$

(33) $3 \times 9 =$

(34) $1 \times 2 =$

(35) $5 \times 6 =$

(36) $9 \times 0 =$

(37) $1 \times 6 =$

(38) $8 \times 6 =$

(39) $3 \times 3 =$

(40) $1 \times 8 =$

(41) $6 \times 2 =$

(42) $0 \times 9 =$

(43) $8 \times 7 =$

(44) $1 \times 5 =$

(45) $7 \times 9 =$

(46) $8 \times 5 =$

(47) $3 \times 7 =$

(48) $9 \times 8 =$

Do you remember your multiplication tables?

Mixed Review

Date / /

Name

Level ☆

Score /100

1 Add.

3 points per question

(1) 57
    +24

(2) 76
    +14

(3) 32
    +53

(4) 58
    +37

(5) 64
    +55

(6) 66
    +89

(7) 53
    +74

(8) 90
    +45

(9) 52
    +60

(10) 25
     +78

(11) 247
     + 36

(12) 487
     + 59

(13) 341
     +236

(14) 245
     +526

(15) 643
     +129

(16) 567
     +345

(17) 814
     +658

(18) 387
     +439

(19) 16
      32
     +45

(20) 27
      48
     +63

② Multiply.

1 point per question

(1) $6 \times 7 =$

(2) $2 \times 5 =$

(3) $8 \times 2 =$

(4) $4 \times 1 =$

(5) $1 \times 8 =$

(6) $3 \times 3 =$

(7) $6 \times 0 =$

(8) $7 \times 4 =$

(9) $5 \times 6 =$

(10) $9 \times 9 =$

(11) $0 \times 2 =$

(12) $2 \times 7 =$

(13) $4 \times 8 =$

(14) $8 \times 5 =$

(15) $3 \times 9 =$

(16) $1 \times 4 =$

(17) $9 \times 7 =$

(18) $0 \times 6 =$

(19) $7 \times 3 =$

(20) $6 \times 8 =$

(21) $2 \times 1 =$

(22) $3 \times 5 =$

(23) $4 \times 0 =$

(24) $8 \times 9 =$

(25) $5 \times 2 =$

(26) $9 \times 4 =$

(27) $0 \times 7 =$

(28) $7 \times 6 =$

(29) $1 \times 3 =$

(30) $6 \times 9 =$

(31) $4 \times 4 =$

(32) $5 \times 8 =$

(33) $3 \times 7 =$

(34) $8 \times 1 =$

(35) $2 \times 6 =$

(36) $9 \times 5 =$

(37) $7 \times 9 =$

(38) $0 \times 0 =$

(39) $6 \times 3 =$

(40) $8 \times 8 =$

Are you ready for something new?

7

2-Digits × 2

Date   /   /

Name

Level
☆☆

Score
/100

1 There are 2 boxes containing 13 notebooks each.
How many notebooks are there altogether?

10 points

⟨Add⟩

```
    1  3
 +  1  3
  □□
```

⟨Multiply⟩

```
    1  3
 ×     2
  □□
```

⟨Ans.⟩ □ notebooks

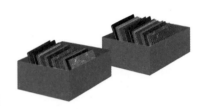

2 There are 2 boxes containing 34 pencils each.
How many pencils are there altogether?

10 points

⟨Add⟩

```
    3  4
 +  3  4
  □□
```

⟨Multiply⟩

```
    3  4
 ×     2
  □□
```

⟨Ans.⟩ □ pencils

3 There are 2 boxes containing 62 erasers each.
How many erasers are there altogether?

10 points

⟨Add⟩

```
    6  2
 +  6  2
  □□□
```

⟨Multiply⟩

```
    6  2
 ×     2
  □□□
```

⟨Ans.⟩ □ erasers

4 Multiply.

(1)
```
    2 4
  ×   2
  □ □
```

(2)
```
    3 1
  ×   2
```

(3)
```
    4 1
  ×   2
```

(4)
```
    5 1
  ×   2
  □ □ □
```

(5)
```
    7 1
  ×   2
```

(6)
```
    1 2
  ×   2
```

(7)
```
    3 2
  ×   2
```

(8)
```
    5 2
  ×   2
```

(9)
```
    7 2
  ×   2
```

(10)
```
    9 2
  ×   2
```

(11)
```
    2 4
  ×   2
```

(12)
```
    4 4
  ×   2
```

(13)
```
    6 4
  ×   2
```

(14)
```
    8 4
  ×   2
```

Excellent! You're doing really well!

1 Calculate.

8 points per question

Let's compare the answer on the right with the one on the left.

(1)
```
   1 3
   1 3
 + 1 3
```

```
     1 3
 ×     3
   ☐ ☐
```

(2)
```
   4 2
   4 2
 + 4 2
```

```
     4 2
 ×     3
  ☐ ☐ ☐
```

(3)
```
   1 6
   1 6
 + 1 6
```

```
     1 6
 ×     3
   ☐ ☐
```

(4)
```
   3 4
   3 4
 + 3 4
```

```
     3 4
 ×     3
  ☐ ☐ ☐
```

(5)
```
   4 7
   4 7
 + 4 7
```

```
     4 7
 ×     3
  ☐ ☐ ☐
```

② Multiply.

(1) $\begin{array}{r} 11 \\ \times\ 3 \\ \hline \end{array}$

(2) $\begin{array}{r} 12 \\ \times\ 3 \\ \hline \end{array}$

(3) $\begin{array}{r} 21 \\ \times\ 3 \\ \hline \end{array}$

(4) $\begin{array}{r} 22 \\ \times\ 3 \\ \hline \end{array}$

(5) $\begin{array}{r} 23 \\ \times\ 3 \\ \hline \end{array}$

(6) $\begin{array}{r} 31 \\ \times\ 3 \\ \hline \end{array}$

(7) $\begin{array}{r} 32 \\ \times\ 3 \\ \hline \end{array}$

(8) $\begin{array}{r} 33 \\ \times\ 3 \\ \hline \end{array}$

(9) $\begin{array}{r} 41 \\ \times\ 3 \\ \hline \end{array}$

(10) $\begin{array}{r} 43 \\ \times\ 3 \\ \hline \end{array}$

(11) $\begin{array}{r} 51 \\ \times\ 3 \\ \hline \end{array}$

(12) $\begin{array}{r} 52 \\ \times\ 3 \\ \hline \end{array}$

(13) $\begin{array}{r} 53 \\ \times\ 3 \\ \hline \end{array}$

(14) $\begin{array}{r} 61 \\ \times\ 3 \\ \hline \end{array}$

(15) $\begin{array}{r} 63 \\ \times\ 3 \\ \hline \end{array}$

Great! Now let's check your score.

9 2-Digits × 2, × 3

Date / /

Name

Level ★★

Score /100

1 Multiply.

2 points per question

```
(1)    1 5        (6)    2 5        (11)   3 5        (16)   4 5
    ×    3            ×    3            ×    3            ×    3
                                    □ □ □

(2)    1 6        (7)    2 6        (12)   3 6        (17)   4 6
    ×    3            ×    3            ×    3            ×    3

(3)    1 7        (8)    2 7        (13)   3 7        (18)   4 7
    ×    3            ×    3            ×    3            ×    3

(4)    1 8        (9)    2 8        (14)   3 8        (19)   4 8
    ×    3            ×    3            ×    3            ×    3

(5)    1 9        (10)   2 9        (15)   3 9        (20)   4 9
    ×    3            ×    3            ×    3            ×    3
```

2 Multiply.

(1) 34
    × 2

(2) 74
    × 2

(3) 45
    × 2

(4) 57
    × 2

(5) 86
    × 2

(6) 54
    × 3

(7) 57
    × 3

(8) 59
    × 3

(9) 66
    × 3

(10) 77
     × 3

(11) 59
     × 2

(12) 75
     × 2

(13) 78
     × 2

(14) 87
     × 2

(15) 98
     × 2

(16) 65
     × 3

(17) 74
     × 3

(18) 78
     × 3

(19) 88
     × 3

(20) 99
     × 3

Are you getting the hang of it?
Let's keep going!

2-Digits × 3, × 4

Date / /

Name

Level ★★

Score / 100

1 Multiply.

2 points per question

(1)
```
  3 2
×   3
```

(2)
```
  4 3
×   3
```

(3)
```
  5 4
×   3
```

(4)
```
  6 5
×   3
```

(5)
```
  7 6
×   3
```

(6)
```
  3 1
×   4
```

(7)
```
  4 3
×   4
```

(8)
```
  5 5
×   4
```

(9)
```
  6 7
×   4
```

(10)
```
  7 9
×   4
```

(11)
```
  1 1
×   4
```

(12)
```
  1 3
×   4
```

(13)
```
  1 5
×   4
```

(14)
```
  1 7
×   4
```

(15)
```
  1 9
×   4
```

(16)
```
  2 1
×   4
```

(17)
```
  2 4
×   4
```

(18)
```
  2 6
×   4
```

(19)
```
  3 7
×   4
```

(20)
```
  4 9
×   4
```

② Multiply.

3 points per question

(1) $\begin{array}{r} 4\,1 \\ \times\ \ 4 \\ \hline \end{array}$

(6) $\begin{array}{r} 1\,4 \\ \times\ \ 4 \\ \hline \end{array}$

(11) $\begin{array}{r} 2\,4 \\ \times\ \ 4 \\ \hline \end{array}$

(16) $\begin{array}{r} 5\,4 \\ \times\ \ 4 \\ \hline \end{array}$

(2) $\begin{array}{r} 5\,1 \\ \times\ \ 4 \\ \hline \end{array}$

(7) $\begin{array}{r} 2\,5 \\ \times\ \ 4 \\ \hline \end{array}$

(12) $\begin{array}{r} 3\,5 \\ \times\ \ 4 \\ \hline \end{array}$

(17) $\begin{array}{r} 6\,5 \\ \times\ \ 4 \\ \hline \end{array}$

(3) $\begin{array}{r} 6\,2 \\ \times\ \ 4 \\ \hline \end{array}$

(8) $\begin{array}{r} 3\,6 \\ \times\ \ 4 \\ \hline \end{array}$

(13) $\begin{array}{r} 4\,6 \\ \times\ \ 4 \\ \hline \end{array}$

(18) $\begin{array}{r} 7\,6 \\ \times\ \ 4 \\ \hline \end{array}$

(4) $\begin{array}{r} 7\,2 \\ \times\ \ 4 \\ \hline \end{array}$

(9) $\begin{array}{r} 4\,7 \\ \times\ \ 4 \\ \hline \end{array}$

(14) $\begin{array}{r} 5\,7 \\ \times\ \ 4 \\ \hline \end{array}$

(19) $\begin{array}{r} 8\,7 \\ \times\ \ 4 \\ \hline \end{array}$

(5) $\begin{array}{r} 8\,3 \\ \times\ \ 4 \\ \hline \end{array}$

(10) $\begin{array}{r} 5\,8 \\ \times\ \ 4 \\ \hline \end{array}$

(15) $\begin{array}{r} 6\,9 \\ \times\ \ 4 \\ \hline \end{array}$

(20) $\begin{array}{r} 9\,9 \\ \times\ \ 4 \\ \hline \end{array}$

If you aren't sure about your answer, it can't hurt to try again!

2-Digits × 4, × 5

Date / /

Name

1 Multiply.

2 points per question

(1) 31
    × 4

(2) 42
    × 4

(3) 53
    × 4

(4) 64
    × 4

(5) 75
    × 4

(6) 31
    × 5

(7) 43
    × 5

(8) 55
    × 5

(9) 67
    × 5

(10) 79
     × 5

(11) 11
     × 5

(12) 13
     × 5

(13) 15
     × 5

(14) 17
     × 5

(15) 19
     × 5

(16) 21
     × 5

(17) 24
     × 5

(18) 25
     × 5

(19) 36
     × 5

(20) 49
     × 5

2 Multiply.

3 points per question

(1)
$$\begin{array}{r} 41 \\ \times\ 5 \\ \hline \end{array}$$

(6)
$$\begin{array}{r} 14 \\ \times\ 5 \\ \hline \end{array}$$

(11)
$$\begin{array}{r} 24 \\ \times\ 5 \\ \hline \end{array}$$

(16)
$$\begin{array}{r} 54 \\ \times\ 5 \\ \hline \end{array}$$

(2)
$$\begin{array}{r} 52 \\ \times\ 5 \\ \hline \end{array}$$

(7)
$$\begin{array}{r} 25 \\ \times\ 5 \\ \hline \end{array}$$

(12)
$$\begin{array}{r} 35 \\ \times\ 5 \\ \hline \end{array}$$

(17)
$$\begin{array}{r} 65 \\ \times\ 5 \\ \hline \end{array}$$

(3)
$$\begin{array}{r} 63 \\ \times\ 5 \\ \hline \end{array}$$

(8)
$$\begin{array}{r} 36 \\ \times\ 5 \\ \hline \end{array}$$

(13)
$$\begin{array}{r} 46 \\ \times\ 5 \\ \hline \end{array}$$

(18)
$$\begin{array}{r} 76 \\ \times\ 5 \\ \hline \end{array}$$

(4)
$$\begin{array}{r} 74 \\ \times\ 5 \\ \hline \end{array}$$

(9)
$$\begin{array}{r} 47 \\ \times\ 5 \\ \hline \end{array}$$

(14)
$$\begin{array}{r} 57 \\ \times\ 5 \\ \hline \end{array}$$

(19)
$$\begin{array}{r} 87 \\ \times\ 5 \\ \hline \end{array}$$

(5)
$$\begin{array}{r} 85 \\ \times\ 5 \\ \hline \end{array}$$

(10)
$$\begin{array}{r} 58 \\ \times\ 5 \\ \hline \end{array}$$

(15)
$$\begin{array}{r} 69 \\ \times\ 5 \\ \hline \end{array}$$

(20)
$$\begin{array}{r} 99 \\ \times\ 5 \\ \hline \end{array}$$

Practice makes perfect!

2-Digits × 5, × 6

Date / /　Name

Level

Score

/100

1 Multiply.

2 points per question

(1)　3 1
　　× 　5

(6)　3 1
　　× 　6

(11)　1 1
　　× 　6

(16)　2 1
　　× 　6

(2)　4 2
　　× 　5

(7)　4 3
　　× 　6

(12)　1 3
　　× 　6

(17)　2 4
　　× 　6

(3)　5 3
　　× 　5

(8)　5 5
　　× 　6

(13)　1 5
　　× 　6

(18)　2 5
　　× 　6

(4)　6 6
　　× 　5

(9)　6 7
　　× 　6

(14)　1 7
　　× 　6

(19)　3 6
　　× 　6

(5)　7 7
　　× 　5

(10)　7 9
　　× 　6

(15)　1 9
　　× 　6

(20)　4 9
　　× 　6

② Multiply.

(1) 14
    × 6

(2) 25
    × 6

(3) 36
    × 6

(4) 47
    × 6

(5) 58
    × 6

(6) 24
    × 6

(7) 35
    × 6

(8) 46
    × 6

(9) 57
    × 6

(10) 69
    × 6

(11) 41
    × 6

(12) 52
    × 6

(13) 63
    × 6

(14) 74
    × 6

(15) 85
    × 6

(16) 54
    × 6

(17) 65
    × 6

(18) 76
    × 6

(19) 87
    × 6

(20) 99
    × 6

Good job! Don't forget to check your answers.

13

2-Digits × 6, × 7

Level

Date   /   /

Name

Score

/100

---

1 Multiply.

2 points per question

(1) 3 1
    ×   6

(6) 3 1
    ×   7

(11) 1 1
     ×   7

(16) 2 1
     ×   7

(2) 4 2
    ×   6

(7) 4 3
    ×   7

(12) 1 3
     ×   7

(17) 2 4
     ×   7

(3) 5 3
    ×   6

(8) 5 5
    ×   7

(13) 1 5
     ×   7

(18) 2 5
     ×   7

(4) 6 6
    ×   6

(9) 6 7
    ×   7

(14) 1 7
     ×   7

(19) 3 6
     ×   7

(5) 7 7
    ×   6

(10) 7 9
     ×   7

(15) 1 9
     ×   7

(20) 4 9
     ×   7

② Multiply.

(1) 14
   × 7

(2) 25
   × 7

(3) 36
   × 7

(4) 47
   × 7

(5) 58
   × 7

(6) 24
   × 7

(7) 35
   × 7

(8) 46
   × 7

(9) 57
   × 7

(10) 69
   × 7

(11) 41
   × 7

(12) 52
   × 7

(13) 63
   × 7

(14) 74
   × 7

(15) 85
   × 7

(16) 54
   × 7

(17) 65
   × 7

(18) 76
   × 7

(19) 87
   × 7

(20) 99
   × 7

Be sure to show your parents how far you've come!

2-Digits × 7, × 8

Date / /

Name

Level
★★

Score
/100

1 Multiply.

2 points per question

(1) 3 1
   × 7

(2) 4 2
   × 7

(3) 5 3
   × 7

(4) 6 6
   × 7

(5) 7 7
   × 7

(6) 3 1
   × 8

(7) 4 3
   × 8

(8) 5 5
   × 8

(9) 6 7
   × 8

(10) 7 9
   ×   8

(11) 1 1
   ×   8

(12) 1 3
   ×   8

(13) 1 5
   ×   8

(14) 1 7
   ×   8

(15) 1 9
   ×   8

(16) 2 1
   ×   8

(17) 2 4
   ×   8

(18) 2 6
   ×   8

(19) 3 7
   ×   8

(20) 4 9
   ×   8

② Multiply.

(1) $\begin{array}{r} 14 \\ \times\ 8 \\ \hline \end{array}$

(2) $\begin{array}{r} 25 \\ \times\ 8 \\ \hline \end{array}$

(3) $\begin{array}{r} 36 \\ \times\ 8 \\ \hline \end{array}$

(4) $\begin{array}{r} 47 \\ \times\ 8 \\ \hline \end{array}$

(5) $\begin{array}{r} 58 \\ \times\ 8 \\ \hline \end{array}$

(6) $\begin{array}{r} 24 \\ \times\ 8 \\ \hline \end{array}$

(7) $\begin{array}{r} 35 \\ \times\ 8 \\ \hline \end{array}$

(8) $\begin{array}{r} 46 \\ \times\ 8 \\ \hline \end{array}$

(9) $\begin{array}{r} 57 \\ \times\ 8 \\ \hline \end{array}$

(10) $\begin{array}{r} 69 \\ \times\ 8 \\ \hline \end{array}$

(11) $\begin{array}{r} 42 \\ \times\ 8 \\ \hline \end{array}$

(12) $\begin{array}{r} 53 \\ \times\ 8 \\ \hline \end{array}$

(13) $\begin{array}{r} 64 \\ \times\ 8 \\ \hline \end{array}$

(14) $\begin{array}{r} 75 \\ \times\ 8 \\ \hline \end{array}$

(15) $\begin{array}{r} 86 \\ \times\ 8 \\ \hline \end{array}$

(16) $\begin{array}{r} 54 \\ \times\ 8 \\ \hline \end{array}$

(17) $\begin{array}{r} 65 \\ \times\ 8 \\ \hline \end{array}$

(18) $\begin{array}{r} 76 \\ \times\ 8 \\ \hline \end{array}$

(19) $\begin{array}{r} 87 \\ \times\ 8 \\ \hline \end{array}$

(20) $\begin{array}{r} 99 \\ \times\ 8 \\ \hline \end{array}$

If you get stuck, compare these questions to those on previous pages. Does that help?

2-Digits × 8, × 9

Date   /   /

Name

Level
★ ★

Score
/100

1 Multiply.

2 points per question

(1) 31
    × 8

(2) 42
    × 8

(3) 53
    × 8

(4) 66
    × 8

(5) 77
    × 8

(6) 31
    × 9

(7) 43
    × 9

(8) 55
    × 9

(9) 67
    × 9

(10) 79
     × 9

(11) 11
     × 9

(12) 13
     × 9

(13) 15
     × 9

(14) 17
     × 9

(15) 19
     × 9

(16) 21
     × 9

(17) 24
     × 9

(18) 26
     × 9

(19) 37
     × 9

(20) 49
     × 9

② Multiply.

(1)
$$\begin{array}{r} 14 \\ \times\ 9 \\ \hline \end{array}$$

(6)
$$\begin{array}{r} 24 \\ \times\ 9 \\ \hline \end{array}$$

(11)
$$\begin{array}{r} 41 \\ \times\ 9 \\ \hline \end{array}$$

(16)
$$\begin{array}{r} 54 \\ \times\ 9 \\ \hline \end{array}$$

(2)
$$\begin{array}{r} 25 \\ \times\ 9 \\ \hline \end{array}$$

(7)
$$\begin{array}{r} 35 \\ \times\ 9 \\ \hline \end{array}$$

(12)
$$\begin{array}{r} 52 \\ \times\ 9 \\ \hline \end{array}$$

(17)
$$\begin{array}{r} 65 \\ \times\ 9 \\ \hline \end{array}$$

(3)
$$\begin{array}{r} 36 \\ \times\ 9 \\ \hline \end{array}$$

(8)
$$\begin{array}{r} 46 \\ \times\ 9 \\ \hline \end{array}$$

(13)
$$\begin{array}{r} 63 \\ \times\ 9 \\ \hline \end{array}$$

(18)
$$\begin{array}{r} 76 \\ \times\ 9 \\ \hline \end{array}$$

(4)
$$\begin{array}{r} 47 \\ \times\ 9 \\ \hline \end{array}$$

(9)
$$\begin{array}{r} 57 \\ \times\ 9 \\ \hline \end{array}$$

(14)
$$\begin{array}{r} 74 \\ \times\ 9 \\ \hline \end{array}$$

(19)
$$\begin{array}{r} 87 \\ \times\ 9 \\ \hline \end{array}$$

(5)
$$\begin{array}{r} 58 \\ \times\ 9 \\ \hline \end{array}$$

(10)
$$\begin{array}{r} 69 \\ \times\ 9 \\ \hline \end{array}$$

(15)
$$\begin{array}{r} 85 \\ \times\ 9 \\ \hline \end{array}$$

(20)
$$\begin{array}{r} 99 \\ \times\ 9 \\ \hline \end{array}$$

You're doing really well! Now it's time to review 2-digit × 1-digit multiplication.

2-Digits × 1-Digit

Date / /

Name

Level ★★

Score /100

1 Multiply.

2 points per question

(1) 20
    × 2

(2) 20
    × 3

(3) 30
    × 4

(4) 30
    × 5

(5) 30
    × 6

(6) 40
    × 5

(7) 40
    × 6

(8) 40
    × 7

(9) 50
    × 8

(10) 50
     × 9

(11) 60
     × 3

(12) 60
     × 4

(13) 70
     × 5

(14) 70
     × 6

(15) 70
     × 7

(16) 80
     × 4

(17) 80
     × 5

(18) 80
     × 6

(19) 90
     × 7

(20) 90
     × 8

(1)   40
    × 9

(6)   70
    × 7

(11)   36
     × 2

(16)   95
     × 2

(2)   41
    × 2

(7)   71
    × 8

(12)   45
     × 3

(17)   90
     × 6

(3)   42
    × 3

(8)   72
    × 7

(13)   47
     × 4

(18)   85
     × 8

(4)   43
    × 4

(9)   73
    × 6

(14)   46
     × 5

(19)   85
     × 7

(5)   44
    × 5

(10)   74
     × 4

(15)   48
     × 6

(20)   85
     × 9

Excellent. Let's keep going!

2-Digits × 1-Digit

Date / /

Name

Level
★ ★

Score

/ 100

1　Multiply.

2 points per question

(1)　　45
　　× 　2

(2)　　45
　　× 　3

(3)　　43
　　× 　8

(4)　　43
　　× 　9

(5)　　87
　　× 　5

(6)　　82
　　× 　4

(7)　　83
　　× 　5

(8)　　84
　　× 　6

(9)　　78
　　× 　7

(10)　69
　　× 　9

(11)　79
　　× 　1

(12)　79
　　× 　3

(13)　79
　　× 　5

(14)　79
　　× 　7

(15)　79
　　× 　9

(16)　70
　　× 　9

(17)　71
　　× 　6

(18)　79
　　× 　4

(19)　78
　　× 　6

(20)　77
　　× 　8

② Multiply.

3 points per question

(1) 43
    × 2

(2) 28
    × 3

(3) 56
    × 3

(4) 84
    × 6

(5) 58
    × 7

(6) 54
    × 5

(7) 36
    × 4

(8) 54
    × 8

(9) 37
    × 9

(10) 78
    × 8

(11) 25
    × 4

(12) 25
    × 5

(13) 25
    × 6

(14) 25
    × 8

(15) 25
    × 9

(16) 36
    × 5

(17) 36
    × 6

(18) 36
    × 7

(19) 36
    × 8

(20) 36
    × 9

Don't forget to check your answers when you're done.

2-Digits × 1-Digit

Date   /   /

Name

Level
★★

Score
/100

1 Multiply.

2 points per question

(1)   5 7
    ×   2

(2)   8 2
    ×   3

(3)   7 5
    ×   4

(4)   6 6
    ×   6

(5)   4 8
    ×   9

(6)   4 2
    ×   7

(7)   5 2
    ×   7

(8)   6 6
    ×   5

(9)   3 8
    ×   8

(10)   6 7
     ×   9

(11)   5 2
     ×   5

(12)   3 8
     ×   4

(13)   5 9
     ×   6

(14)   6 7
     ×   7

(15)   8 9
     ×   8

(16)   3 6
     ×   4

(17)   4 7
     ×   5

(18)   5 5
     ×   8

(19)   5 9
     ×   7

(20)   7 7
     ×   9

② Multiply.

(1)   96
    × 2

(2)   96
    × 3

(3)   79
    × 6

(4)   69
    × 7

(5)   58
    × 9

(6)   88
    × 3

(7)   84
    × 5

(8)   86
    × 7

(9)   87
    × 8

(10) 88
    × 9

(11) 96
    × 4

(12) 96
    × 6

(13) 96
    × 7

(14) 96
    × 8

(15) 96
    × 9

(16) 98
    × 4

(17) 98
    × 6

(18) 98
    × 7

(19) 98
    × 8

(20) 98
    × 9

Remember – practice makes perfect!

Level ★★

Date / /

Name

Score /100

1 **Multiply.**

2 points per question

(1) 40
   × 2

(2) 44
   × 3

(3) 40
   × 6

(4) 44
   × 7

(5) 44
   × 8

(6) 44
   × 9

(7) 55
   × 4

(8) 50
   × 5

(9) 55
   × 6

(10) 55
    × 7

(11) 55
    × 9

(12) 66
    × 4

(13) 66
    × 6

(14) 66
    × 8

(15) 66
    × 7

(16) 66
    × 9

(17) $40 \times 5 =$

(18) $55 \times 3 =$

(19) $50 \times 6 =$

(20) $66 \times 2 =$

② Multiply.

(1)
$$\begin{array}{r} 3\,4 \\ \times\quad 3 \\ \hline \end{array}$$

(2)
$$\begin{array}{r} 3\,4 \\ \times\quad 5 \\ \hline \end{array}$$

(3)
$$\begin{array}{r} 3\,4 \\ \times\quad 6 \\ \hline \end{array}$$

(4)
$$\begin{array}{r} 3\,4 \\ \times\quad 7 \\ \hline \end{array}$$

(5)
$$\begin{array}{r} 3\,4 \\ \times\quad 8 \\ \hline \end{array}$$

(6)
$$\begin{array}{r} 3\,4 \\ \times\quad 9 \\ \hline \end{array}$$

(7)
$$\begin{array}{r} 4\,5 \\ \times\quad 4 \\ \hline \end{array}$$

(8)
$$\begin{array}{r} 4\,5 \\ \times\quad 5 \\ \hline \end{array}$$

(9)
$$\begin{array}{r} 4\,5 \\ \times\quad 7 \\ \hline \end{array}$$

(10)
$$\begin{array}{r} 4\,5 \\ \times\quad 8 \\ \hline \end{array}$$

(11)
$$\begin{array}{r} 4\,5 \\ \times\quad 9 \\ \hline \end{array}$$

(12)
$$\begin{array}{r} 5\,6 \\ \times\quad 2 \\ \hline \end{array}$$

(13)
$$\begin{array}{r} 5\,6 \\ \times\quad 4 \\ \hline \end{array}$$

(14)
$$\begin{array}{r} 5\,6 \\ \times\quad 6 \\ \hline \end{array}$$

(15)
$$\begin{array}{r} 5\,6 \\ \times\quad 8 \\ \hline \end{array}$$

(16)
$$\begin{array}{r} 5\,6 \\ \times\quad 9 \\ \hline \end{array}$$

(17) $34 \times 4 =$

(18) $45 \times 3 =$

(19) $56 \times 3 =$

(20) $56 \times 5 =$

You can solve the horizontal multiplication vertically if it is easier for you!

20

2-Digits × 1-Digit

Date   /   /

Name

Level
★ ★

Score

/100

1 Multiply.

2 points per question

(1)   3 7
    ×   4

(2)   3 7
    ×   5

(3)   3 7
    ×   6

(4)   3 7
    ×   7

(5)   3 7
    ×   8

(6)   3 7
    ×   9

(7)   4 8
    ×   4

(8)   4 8
    ×   6

(9)   4 8
    ×   8

(10)   4 8
     ×   9

(11)   5 9
     ×   3

(12)   5 9
     ×   5

(13)   5 9
     ×   7

(14)   5 9
     ×   6

(15)   5 9
     ×   8

(16)   5 9
     ×   9

(17) $37 \times 3 =$

(18) $48 \times 5 =$

(19) $59 \times 2 =$

(20) $59 \times 4 =$

② Multiply.

3 points per question

(1) $\begin{array}{r} 57 \\ \times\ \ 4 \\ \hline \end{array}$

(2) $\begin{array}{r} 57 \\ \times\ \ 6 \\ \hline \end{array}$

(3) $\begin{array}{r} 57 \\ \times\ \ 8 \\ \hline \end{array}$

(4) $\begin{array}{r} 57 \\ \times\ \ 5 \\ \hline \end{array}$

(5) $\begin{array}{r} 57 \\ \times\ \ 7 \\ \hline \end{array}$

(6) $\begin{array}{r} 57 \\ \times\ \ 9 \\ \hline \end{array}$

(7) $\begin{array}{r} 68 \\ \times\ \ 3 \\ \hline \end{array}$

(8) $\begin{array}{r} 68 \\ \times\ \ 5 \\ \hline \end{array}$

(9) $\begin{array}{r} 68 \\ \times\ \ 7 \\ \hline \end{array}$

(10) $\begin{array}{r} 68 \\ \times\ \ 8 \\ \hline \end{array}$

(11) $\begin{array}{r} 68 \\ \times\ \ 9 \\ \hline \end{array}$

(12) $\begin{array}{r} 39 \\ \times\ \ 2 \\ \hline \end{array}$

(13) $\begin{array}{r} 39 \\ \times\ \ 5 \\ \hline \end{array}$

(14) $\begin{array}{r} 39 \\ \times\ \ 7 \\ \hline \end{array}$

(15) $\begin{array}{r} 39 \\ \times\ \ 8 \\ \hline \end{array}$

(16) $\begin{array}{r} 39 \\ \times\ \ 9 \\ \hline \end{array}$

(17) $57 \times 3 =$

(18) $68 \times 2 =$

(19) $68 \times 4 =$

(20) $39 \times 6 =$

Good job! Are you ready for the next step?

3-Digits × 1-Digit

Date   /   /

Name

Score   / 100

1 Multiply.

2 points per question

(1)
```
    1 2 0
  ×     3
  ┌─┬─┬─┐
  └─┴─┴─┘
```

(2)
```
    1 2 0
  ×     4
```

(3)
```
    2 1 0
  ×     3
```

(4)
```
    1 2 1
  ×     2
```

(5)
```
    1 3 4
  ×     2
```

(6)
```
    1 2 2
  ×     3
```

(7)
```
    1 1 2
  ×     4
```

(8)
```
    2 1 2
  ×     4
```

(9)
```
    2 3 1
  ×     3
```

(10)
```
    4 1 3
  ×     2
```

(11)
```
    2 0 0
  ×     3
  ┌─┬─┬─┐
  └─┴─┴─┘
```

(12)
```
    2 0 1
  ×     3
```

(13)
```
    2 0 2
  ×     3
```

(14)
```
    2 0 3
  ×     2
```

(15)
```
    2 0 3
  ×     3
```

(16)
```
    2 0 3
  ×     4
  ┌─┬─┬─┐
  └─┴─┴─┘
```

(17)
```
    2 0 3
  ×     5
  ┌─┬─┬─┬─┐
  └─┴─┴─┴─┘
```

(18)
```
    2 0 3
  ×     7
```

(19)
```
    2 0 3
  ×     9
```

(20)
```
    2 0 4
  ×     8
```

② Multiply.

3 points per question

(1)
$$\begin{array}{r} 300 \\ \times\quad 2 \\ \hline \end{array}$$

(2)
$$\begin{array}{r} 400 \\ \times\quad 5 \\ \hline \end{array}$$

(3)
$$\begin{array}{r} 400 \\ \times\quad 3 \\ \hline \end{array}$$

(4)
$$\begin{array}{r} 500 \\ \times\quad 2 \\ \hline \end{array}$$

(5)
$$\begin{array}{r} 504 \\ \times\quad 2 \\ \hline \end{array}$$

(6)
$$\begin{array}{r} 506 \\ \times\quad 2 \\ \hline \end{array}$$

(7)
$$\begin{array}{r} 506 \\ \times\quad 3 \\ \hline \end{array}$$

(8)
$$\begin{array}{r} 507 \\ \times\quad 3 \\ \hline \end{array}$$

(9)
$$\begin{array}{r} 508 \\ \times\quad 5 \\ \hline \end{array}$$

(10)
$$\begin{array}{r} 509 \\ \times\quad 6 \\ \hline \end{array}$$

(11)
$$\begin{array}{r} 113 \\ \times\quad 4 \\ \hline \end{array}$$

(12)
$$\begin{array}{r} 114 \\ \times\quad 3 \\ \hline \end{array}$$

(13)
$$\begin{array}{r} 115 \\ \times\quad 5 \\ \hline \end{array}$$

(14)
$$\begin{array}{r} 213 \\ \times\quad 4 \\ \hline \end{array}$$

(15)
$$\begin{array}{r} 214 \\ \times\quad 3 \\ \hline \end{array}$$

(16)
$$\begin{array}{r} 215 \\ \times\quad 3 \\ \hline \end{array}$$

(17)
$$\begin{array}{r} 215 \\ \times\quad 5 \\ \hline \end{array}$$

(18)
$$\begin{array}{r} 216 \\ \times\quad 3 \\ \hline \end{array}$$

(19)
$$\begin{array}{r} 217 \\ \times\quad 3 \\ \hline \end{array}$$

(20)
$$\begin{array}{r} 218 \\ \times\quad 3 \\ \hline \end{array}$$

You've made a lot of progress.
Keep up the good work!

Date / /

Name

Level

Score
/100

1 Multiply.

2 points per question

(1)
```
    1 1 9
  ×     3
```

(2)
```
    2 2 3
  ×     4
```

(3)
```
    2 2 9
  ×     3
```

(4)
```
    3 1 6
  ×     3
```

(5)
```
    3 1 6
  ×     4
```

(6)
```
    3 1 6
  ×     5
```

(7)
```
    3 1 6
  ×     6
```

(8)
```
    3 1 7
  ×     4
```

(9)
```
    3 2 3
  ×     4
```

(10)
```
    4 1 6
  ×     5
```

(11)
```
    4 1 3
  ×     6
```

(12)
```
    4 1 4
  ×     5
```

(13)
```
    4 1 6
  ×     6
```

(14)
```
    5 1 8
  ×     3
```

(15)
```
    5 1 9
  ×     4
```

(16)
```
    5 1 9
  ×     5
```

(17)
```
    6 1 2
  ×     8
```

(18)
```
    6 1 3
  ×     6
```

(19)
```
    6 1 3
  ×     7
```

(20)
```
    6 1 5
  ×     4
```

② Multiply.

(1) $\begin{array}{r} 120 \\ \times4 \\ \hline \end{array}$

(2) $\begin{array}{r} 130 \\ \times5 \\ \hline \end{array}$

(3) $\begin{array}{r} 140 \\ \times6 \\ \hline \end{array}$

(4) $\begin{array}{r} 330 \\ \times6 \\ \hline \end{array}$

(5) $\begin{array}{r} 570 \\ \times6 \\ \hline \end{array}$

(6) $\begin{array}{r} 507 \\ \times6 \\ \hline \end{array}$

(7) $\begin{array}{r} 608 \\ \times7 \\ \hline \end{array}$

(8) $\begin{array}{r} 709 \\ \times8 \\ \hline \end{array}$

(9) $\begin{array}{r} 807 \\ \times7 \\ \hline \end{array}$

(10) $\begin{array}{r} 906 \\ \times6 \\ \hline \end{array}$

(11) $\begin{array}{r} 231 \\ \times4 \\ \hline \end{array}$

(12) $\begin{array}{r} 243 \\ \times3 \\ \hline \end{array}$

(13) $\begin{array}{r} 252 \\ \times3 \\ \hline \end{array}$

(14) $\begin{array}{r} 283 \\ \times3 \\ \hline \end{array}$

(15) $\begin{array}{r} 372 \\ \times2 \\ \hline \end{array}$

(16) $\begin{array}{r} 232 \\ \times5 \\ \hline \end{array}$

(17) $\begin{array}{r} 261 \\ \times6 \\ \hline \end{array}$

(18) $\begin{array}{r} 271 \\ \times7 \\ \hline \end{array}$

(19) $\begin{array}{r} 321 \\ \times8 \\ \hline \end{array}$

(20) $\begin{array}{r} 341 \\ \times9 \\ \hline \end{array}$

Not so bad right? Well done.

23

3-Digits × 1-Digit

Date / /

Name

Level
★★

Score

/100

1 **Multiply.**

2 points per question

(1)
```
  243
×   2
```

(2)
```
  243
×   3
```

(3)
```
  243
×   4
```

(4)
```
  243
×   5
```

(5)
```
  243
×   6
```

(6)
```
  245
×   5
```

(7)
```
  245
×   6
```

(8)
```
  245
×   7
```

(9)
```
  245
×   8
```

(10)
```
  245
×   9
```

(11)
```
  254
×   2
```

(12)
```
  254
×   3
```

(13)
```
  254
×   4
```

(14)
```
  254
×   5
```

(15)
```
  254
×   6
```

(16)
```
  264
×   5
```

(17)
```
  264
×   6
```

(18)
```
  264
×   7
```

(19)
```
  264
×   8
```

(20)
```
  264
×   9
```

2 Multiply.

(1)
```
  240
×   2
```

(2)
```
  240
×   3
```

(3)
```
  240
×   4
```

(4)
```
  240
×   5
```

(5)
```
  240
×   6
```

(6)
```
  304
×   5
```

(7)
```
  304
×   6
```

(8)
```
  304
×   7
```

(9)
```
  304
×   8
```

(10)
```
  304
×   9
```

(11)
```
  241
×   7
```

(12)
```
  244
×   3
```

(13)
```
  246
×   3
```

(14)
```
  248
×   3
```

(15)
```
  259
×   8
```

(16)
```
  303
×   4
```

(17)
```
  313
×   5
```

(18)
```
  323
×   6
```

(19)
```
  336
×   4
```

(20)
```
  346
×   5
```

Don't forget to check your answers!

1 Multiply.

2 points per question

(1)
```
  365
×   5
```

(2)
```
  372
×   3
```

(3)
```
  382
×   3
```

(4)
```
  383
×   8
```

(5)
```
  384
×   6
```

(6)
```
  388
×   4
```

(7)
```
  392
×   4
```

(8)
```
  423
×   3
```

(9)
```
  431
×   7
```

(10)
```
  443
×   5
```

(11)
```
  454
×   6
```

(12)
```
  466
×   9
```

(13)
```
  478
×   7
```

(14)
```
  483
×   9
```

(15)
```
  519
×   9
```

(16)
```
  540
×   7
```

(17)
```
  579
×   4
```

(18)
```
  598
×   5
```

(19)
```
  614
×   7
```

(20)
```
  627
×   8
```

2 Multiply.

3 points per question

(1)
$$
\begin{array}{r}
6\ 3\ 5 \\
\times\quad 2 \\
\hline
\end{array}
$$

(2)
$$
\begin{array}{r}
6\ 3\ 5 \\
\times\quad 3 \\
\hline
\end{array}
$$

(3)
$$
\begin{array}{r}
6\ 3\ 5 \\
\times\quad 4 \\
\hline
\end{array}
$$

(4)
$$
\begin{array}{r}
6\ 3\ 5 \\
\times\quad 5 \\
\hline
\end{array}
$$

(5)
$$
\begin{array}{r}
6\ 3\ 5 \\
\times\quad 6 \\
\hline
\end{array}
$$

(6)
$$
\begin{array}{r}
6\ 3\ 5 \\
\times\quad 7 \\
\hline
\end{array}
$$

(7)
$$
\begin{array}{r}
6\ 3\ 5 \\
\times\quad 8 \\
\hline
\end{array}
$$

(8)
$$
\begin{array}{r}
6\ 3\ 5 \\
\times\quad 9 \\
\hline
\end{array}
$$

(9)
$$
\begin{array}{r}
6\ 4\ 6 \\
\times\quad 5 \\
\hline
\end{array}
$$

(10)
$$
\begin{array}{r}
6\ 4\ 7 \\
\times\quad 7 \\
\hline
\end{array}
$$

(11)
$$
\begin{array}{r}
7\ 1\ 6 \\
\times\quad 7 \\
\hline
\end{array}
$$

(12)
$$
\begin{array}{r}
7\ 2\ 6 \\
\times\quad 7 \\
\hline
\end{array}
$$

(13)
$$
\begin{array}{r}
7\ 2\ 7 \\
\times\quad 4 \\
\hline
\end{array}
$$

(14)
$$
\begin{array}{r}
7\ 3\ 6 \\
\times\quad 8 \\
\hline
\end{array}
$$

(15)
$$
\begin{array}{r}
7\ 4\ 7 \\
\times\quad 9 \\
\hline
\end{array}
$$

(16)
$$
\begin{array}{r}
8\ 4\ 8 \\
\times\quad 3 \\
\hline
\end{array}
$$

(17)
$$
\begin{array}{r}
8\ 5\ 9 \\
\times\quad 3 \\
\hline
\end{array}
$$

(18)
$$
\begin{array}{r}
9\ 1\ 6 \\
\times\quad 9 \\
\hline
\end{array}
$$

(19)
$$
\begin{array}{r}
9\ 2\ 7 \\
\times\quad 6 \\
\hline
\end{array}
$$

(20)
$$
\begin{array}{r}
9\ 5\ 9 \\
\times\quad 5 \\
\hline
\end{array}
$$

Are you ready for another step forward?

4-Digits × 1-Digit

Date   /   /

Name

Level ★★★

Score

/100

1 Multiply.

4 points per question

(1)
```
  4 3 2 1
×       2
┌─┬─┬─┬─┐
└─┴─┴─┴─┘
```

(2)
```
  4 3 2 1
×       4
┌─┬─┬─┬─┬─┐
└─┴─┴─┴─┴─┘
```

(3)
```
  4 3 2 1
×       6
```

(4)
```
  4 3 2 1
×       8
```

(5)
```
  3 4 0 2
×       3
```

(6)
```
  3 4 0 2
×       5
```

(7)
```
  3 4 0 2
×       7
```

(8)
```
  3 4 0 2
×       9
```

(9)
```
  3 6 1 4
×       4
```

(10)
```
  5 6 2 5
×       7
```

② Multiply.

(1)
$$3079 \times 2$$

(2)
$$3079 \times 4$$

(3)
$$3079 \times 6$$

(4)
$$3079 \times 8$$

(5)
$$1395 \times 3$$

(6)
$$1395 \times 5$$

(7)
$$1395 \times 7$$

(8)
$$2468 \times 2$$

(9)
$$2468 \times 4$$

(10)
$$2468 \times 6$$

(11)
$$2468 \times 8$$

(12)
$$2589 \times 3$$

(13)
$$2589 \times 5$$

(14)
$$2589 \times 7$$

(15)
$$2589 \times 9$$

If you get an answer wrong, just try the problem again!

Date / /

Name

1 Multiply.

4 points per question

(1)
```
    3 2
  × 1 3
  ┌─┬─┐
  │ │ │  ← 3×32
  └─┴─┘
┌─┬─┬─┐
│ │ │ │  ← 10×32
└─┴─┴─┘
┌─┬─┬─┐
│ │ │ │  ← sum
└─┴─┴─┘
```

(2)
```
    3 2
  × 2 4
┌─┬─┬─┐
│ │ │ │  ← 4×32
└─┴─┴─┘
┌─┬─┬─┐
│ │ │ │  ← 20×32
└─┴─┴─┘
┌─┬─┬─┐
│ │ │ │
└─┴─┴─┘
```

(3)
```
      3 2
    × 4 2
    ┌─┬─┐
    │ │ │
  ┌─┼─┼─┘
  │ │ │
┌─┼─┼─┼─┐
│ │ │ │ │
└─┴─┴─┴─┘
```
← Once you have recognized that a `0` goes here, you don't need to write the `0.`

(4)
```
    3 2
  × 5 4
┌─┬─┬─┐
│ │ │ │
└─┴─┴─┘
┌─┬─┬─┐
│ │ │ │
└─┴─┴─┘
┌─┬─┬─┬─┐
│ │ │ │ │
└─┴─┴─┴─┘
```

(5)
```
    3 2
  × 1 2
```

(6)
```
    3 2
  × 3 5
```

(7)
```
    3 2
  × 5 3
```

(8)
```
    3 2
  × 6 4
```

(9)
```
    3 2
  × 4 7
```

(10)
```
    3 2
  × 7 6
```

© Kumon Publishing Co., Ltd.

② Multiply.

(1) $\begin{array}{r} 3\,2 \\ \times\,2\,2 \\ \hline \end{array}$

(5) $\begin{array}{r} 3\,2 \\ \times\,3\,1 \\ \hline \end{array}$

(9) $\begin{array}{r} 3\,2 \\ \times\,4\,3 \\ \hline \end{array}$

(13) $\begin{array}{r} 3\,2 \\ \times\,5\,3 \\ \hline \end{array}$

(2) $\begin{array}{r} 3\,2 \\ \times\,2\,3 \\ \hline \end{array}$

(6) $\begin{array}{r} 3\,2 \\ \times\,3\,3 \\ \hline \end{array}$

(10) $\begin{array}{r} 3\,2 \\ \times\,4\,4 \\ \hline \end{array}$

(14) $\begin{array}{r} 3\,2 \\ \times\,6\,3 \\ \hline \end{array}$

(3) $\begin{array}{r} 3\,2 \\ \times\,2\,5 \\ \hline \end{array}$

(7) $\begin{array}{r} 3\,2 \\ \times\,3\,5 \\ \hline \end{array}$

(11) $\begin{array}{r} 3\,2 \\ \times\,4\,5 \\ \hline \end{array}$

(15) $\begin{array}{r} 3\,2 \\ \times\,7\,3 \\ \hline \end{array}$

(4) $\begin{array}{r} 3\,2 \\ \times\,2\,6 \\ \hline \end{array}$

(8) $\begin{array}{r} 3\,2 \\ \times\,3\,7 \\ \hline \end{array}$

(12) $\begin{array}{r} 3\,2 \\ \times\,4\,6 \\ \hline \end{array}$

You're doing really well! Let's keep going!

27

2-Digits × 2-Digits

Date / /

Name

Level
★★

Score

/100

1 Multiply.

4 points per question

(1)
```
    4 2
×   2 3
```
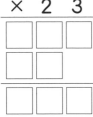

(2)
```
    4 2
×   2 4
```

(3)
```
    4 2
×   2 6
```

(4)
```
    4 2
×   2 7
```

(5)
```
    4 2
×   3 3
```

(6)
```
    4 2
×   3 4
```

(7)
```
    4 2
×   3 6
```

(8)
```
    4 2
×   3 7
```

(9)
```
    4 2
×   4 3
```

(10)
```
    4 2
×   4 6
```

2 Multiply.

(1)
$$\begin{array}{r} 23 \\ \times\ 22 \\ \hline \end{array}$$

(5)
$$\begin{array}{r} 23 \\ \times\ 33 \\ \hline \end{array}$$

(9)
$$\begin{array}{r} 23 \\ \times\ 31 \\ \hline \end{array}$$

(13)
$$\begin{array}{r} 23 \\ \times\ 75 \\ \hline \end{array}$$

(2)
$$\begin{array}{r} 23 \\ \times\ 24 \\ \hline \end{array}$$

(6)
$$\begin{array}{r} 23 \\ \times\ 35 \\ \hline \end{array}$$

(10)
$$\begin{array}{r} 23 \\ \times\ 42 \\ \hline \end{array}$$

(14)
$$\begin{array}{r} 23 \\ \times\ 86 \\ \hline \end{array}$$

(3)
$$\begin{array}{r} 23 \\ \times\ 26 \\ \hline \end{array}$$

(7)
$$\begin{array}{r} 23 \\ \times\ 37 \\ \hline \end{array}$$

(11)
$$\begin{array}{r} 23 \\ \times\ 53 \\ \hline \end{array}$$

(15)
$$\begin{array}{r} 23 \\ \times\ 97 \\ \hline \end{array}$$

(4)
$$\begin{array}{r} 23 \\ \times\ 28 \\ \hline \end{array}$$

(8)
$$\begin{array}{r} 23 \\ \times\ 39 \\ \hline \end{array}$$

(12)
$$\begin{array}{r} 23 \\ \times\ 64 \\ \hline \end{array}$$

Good job! Now let's check your score.

2-Digits × 2-Digits

Level
★ ★

Score

/ 100

---

1   **Multiply.**

4 points per question

(1)
```
   2 4
 × 2 3
```

(5)
```
   2 4
 × 3 4
```

(9)
```
   2 4
 × 7 8
```

(2)
```
   2 4
 × 2 5
```

(6)
```
   2 4
 × 4 5
```

(10)
```
   2 4
 × 8 9
```

(3)
```
   2 4
 × 2 7
```

(7)
```
   2 4
 × 5 6
```

(4)
```
   2 4
 × 2 9
```

(8)
```
   2 4
 × 6 7
```

2 Multiply.

(1) 34
    ×25

(5) 41
    ×21

(9) 52
    ×24

(13) 53
     ×27

(2) 34
    ×46

(6) 41
    ×42

(10) 52
     ×46

(14) 53
     ×62

(3) 34
    ×67

(7) 41
    ×63

(11) 52
     ×57

(15) 53
     ×84

(4) 34
    ×89

(8) 41
    ×84

(12) 52
     ×79

Practice makes perfect!

2-Digits × 2-Digits

Date

Name

Level ★ ★

Score

/100

1 Multiply.

4 points per question

(1)
```
   5 2
 ×  2 4
```

(2)
```
   5 2
 ×  4 6
```

(3)
```
   5 2
 ×  5 7
```

(4)
```
   5 2
 ×  7 9
```

(5)
```
   6 2
 ×  2 4
```

(6)
```
   6 2
 ×  4 6
```

(7)
```
   6 2
 ×  5 7
```

(8)
```
   6 2
 ×  7 9
```

(9)
```
   4 3
 ×  4 6
```

(10)
```
   4 3
 ×  7 9
```

58 © Kumon Publishing Co., Ltd.

2 Multiply.

(1)
$$\begin{array}{r} 72 \\ \times\ 33 \\ \hline \end{array}$$

(5)
$$\begin{array}{r} 33 \\ \times\ 72 \\ \hline \end{array}$$

(9)
$$\begin{array}{r} 54 \\ \times\ 82 \\ \hline \end{array}$$

(13)
$$\begin{array}{r} 82 \\ \times\ 56 \\ \hline \end{array}$$

(2)
$$\begin{array}{r} 72 \\ \times\ 43 \\ \hline \end{array}$$

(6)
$$\begin{array}{r} 43 \\ \times\ 72 \\ \hline \end{array}$$

(10)
$$\begin{array}{r} 65 \\ \times\ 82 \\ \hline \end{array}$$

(14)
$$\begin{array}{r} 82 \\ \times\ 65 \\ \hline \end{array}$$

(3)
$$\begin{array}{r} 83 \\ \times\ 22 \\ \hline \end{array}$$

(7)
$$\begin{array}{r} 22 \\ \times\ 83 \\ \hline \end{array}$$

(11)
$$\begin{array}{r} 76 \\ \times\ 82 \\ \hline \end{array}$$

(15)
$$\begin{array}{r} 82 \\ \times\ 76 \\ \hline \end{array}$$

(4)
$$\begin{array}{r} 83 \\ \times\ 55 \\ \hline \end{array}$$

(8)
$$\begin{array}{r} 55 \\ \times\ 83 \\ \hline \end{array}$$

(12)
$$\begin{array}{r} 87 \\ \times\ 82 \\ \hline \end{array}$$

You've come really far! Well done.

2-Digits × 2-Digits

Date / /

Name

Level ★★

Score /100

1 Multiply.

4 points per question

(1) 40
   × 1 3

(5) 40
   × 5 4

(9) 40
   × 8 9

(2) 40
   × 2 4

(6) 40
   × 6 5

(10) 40
   × 9 3

(3) 40
   × 3 5

(7) 40
   × 7 6

(4) 40
   × 4 6

(8) 40
   × 8 7

60

2 Multiply.

(1)
```
    1 3
  ×  4 0
  □ □  0
```

(5)
```
    4 0
  ×  2 0
  □ □  0
```

(9)
```
    1 3
  ×  3 0
```

(13)
```
    4 6
  ×  3 0
```

(2)
```
    2 4
  ×  4 0
```

(6)
```
    4 0
  ×  3 0
```

(10)
```
    2 4
  ×  3 0
```

(14)
```
    3 0
  ×  4 6
```

(3)
```
    3 5
  ×  4 0
```

(7)
```
    4 0
  ×  7 0
```

(11)
```
    3 5
  ×  3 0
```

(15)
```
    3 0
  ×  5 7
```

(4)
```
    4 6
  ×  4 0
```

(8)
```
    4 0
  ×  5 0
```

(12)
```
    6 8
  ×  3 0
```

Excellent! Don't forget to check your answers.

31

2-Digits × 2-Digits

Date　　/　　/

Name

Level
★★

Score
/100

1 **Multiply.**

4 points per question

(1)
```
    6 4
×   2 7
```

(2)
```
    6 4
×   3 8
```

(3)
```
    6 4
×   4 9
```

(4)
```
    6 4
×   5 0
```

(5)
```
    6 4
×   6 1
```

(6)
```
    3 5
×   7 2
```

(7)
```
    3 5
×   8 3
```

(8)
```
    3 5
×   9 4
```

(9)
```
    3 5
×   1 5
```

(10)
```
    3 5
×   2 6
```

② Multiply.

(1)
$$\begin{array}{r} 36 \\ \times\ 22 \\ \hline \end{array}$$

(5)
$$\begin{array}{r} 36 \\ \times\ 66 \\ \hline \end{array}$$

(9)
$$\begin{array}{r} 65 \\ \times\ 33 \\ \hline \end{array}$$

(13)
$$\begin{array}{r} 65 \\ \times\ 77 \\ \hline \end{array}$$

(2)
$$\begin{array}{r} 36 \\ \times\ 33 \\ \hline \end{array}$$

(6)
$$\begin{array}{r} 36 \\ \times\ 77 \\ \hline \end{array}$$

(10)
$$\begin{array}{r} 65 \\ \times\ 44 \\ \hline \end{array}$$

(14)
$$\begin{array}{r} 65 \\ \times\ 88 \\ \hline \end{array}$$

(3)
$$\begin{array}{r} 36 \\ \times\ 44 \\ \hline \end{array}$$

(7)
$$\begin{array}{r} 36 \\ \times\ 88 \\ \hline \end{array}$$

(11)
$$\begin{array}{r} 65 \\ \times\ 55 \\ \hline \end{array}$$

(15)
$$\begin{array}{r} 65 \\ \times\ 99 \\ \hline \end{array}$$

(4)
$$\begin{array}{r} 36 \\ \times\ 55 \\ \hline \end{array}$$

(8)
$$\begin{array}{r} 36 \\ \times\ 99 \\ \hline \end{array}$$

(12)
$$\begin{array}{r} 65 \\ \times\ 66 \\ \hline \end{array}$$

Wow! Show your parents how much you've learned!

1 Multiply.

4 points per question

(1)　　4 6
　　× 2 2

(5)　　4 6
　　× 9 9

(9)　　3 7
　　× 8 5

(2)　　4 6
　　× 3 3

(6)　　3 7
　　× 3 0

(10)　　3 7
　　× 9 6

(3)　　4 6
　　× 5 5

(7)　　3 7
　　× 5 2

(4)　　4 6
　　× 7 7

(8)　　3 7
　　× 6 3

2 Multiply.

(1)
$$\begin{array}{r} 38 \\ \times\ 26 \\ \hline \end{array}$$

(5)
$$\begin{array}{r} 38 \\ \times\ 60 \\ \hline \end{array}$$

(9)
$$\begin{array}{r} 49 \\ \times\ 26 \\ \hline \end{array}$$

(13)
$$\begin{array}{r} 49 \\ \times\ 60 \\ \hline \end{array}$$

(2)
$$\begin{array}{r} 38 \\ \times\ 37 \\ \hline \end{array}$$

(6)
$$\begin{array}{r} 38 \\ \times\ 71 \\ \hline \end{array}$$

(10)
$$\begin{array}{r} 49 \\ \times\ 37 \\ \hline \end{array}$$

(14)
$$\begin{array}{r} 49 \\ \times\ 71 \\ \hline \end{array}$$

(3)
$$\begin{array}{r} 38 \\ \times\ 48 \\ \hline \end{array}$$

(7)
$$\begin{array}{r} 38 \\ \times\ 82 \\ \hline \end{array}$$

(11)
$$\begin{array}{r} 49 \\ \times\ 48 \\ \hline \end{array}$$

(15)
$$\begin{array}{r} 49 \\ \times\ 82 \\ \hline \end{array}$$

(4)
$$\begin{array}{r} 38 \\ \times\ 59 \\ \hline \end{array}$$

(8)
$$\begin{array}{r} 38 \\ \times\ 93 \\ \hline \end{array}$$

(12)
$$\begin{array}{r} 49 \\ \times\ 59 \\ \hline \end{array}$$

Don't worry if you get a problem wrong, just try it again!

33

2-Digits × 2-Digits

Level
★★

Date   /   /

Name

Score

/100

1 Multiply.

4 points per question

(1)
```
   3 1
 × 1 5
```

(2)
```
   3 1
 × 3 7
```

(3)
```
   3 1
 × 4 8
```

(4)
```
   3 1
 × 6 3
```

(5)
```
   3 1
 × 7 4
```

(6)
```
   6 2
 × 1 6
```

(7)
```
   6 2
 × 3 8
```

(8)
```
   6 2
 × 4 9
```

(9)
```
   6 2
 × 6 0
```

(10)
```
   6 2
 × 8 3
```

② Multiply.

(1)
$$\begin{array}{r} 63 \\ \times 17 \\ \hline \end{array}$$

(5)
$$\begin{array}{r} 63 \\ \times 51 \\ \hline \end{array}$$

(9)
$$\begin{array}{r} 54 \\ \times 27 \\ \hline \end{array}$$

(13)
$$\begin{array}{r} 54 \\ \times 61 \\ \hline \end{array}$$

(2)
$$\begin{array}{r} 63 \\ \times 28 \\ \hline \end{array}$$

(6)
$$\begin{array}{r} 63 \\ \times 62 \\ \hline \end{array}$$

(10)
$$\begin{array}{r} 54 \\ \times 38 \\ \hline \end{array}$$

(14)
$$\begin{array}{r} 54 \\ \times 72 \\ \hline \end{array}$$

(3)
$$\begin{array}{r} 63 \\ \times 39 \\ \hline \end{array}$$

(7)
$$\begin{array}{r} 63 \\ \times 73 \\ \hline \end{array}$$

(11)
$$\begin{array}{r} 54 \\ \times 49 \\ \hline \end{array}$$

(15)
$$\begin{array}{r} 54 \\ \times 83 \\ \hline \end{array}$$

(4)
$$\begin{array}{r} 63 \\ \times 40 \\ \hline \end{array}$$

(8)
$$\begin{array}{r} 63 \\ \times 84 \\ \hline \end{array}$$

(12)
$$\begin{array}{r} 54 \\ \times 50 \\ \hline \end{array}$$

Great job! Let's keep going!

2-Digits × 2 Digits

Date / /

Name

Score

/100

1 **Multiply.**

4 points per question

(1)
```
  75
× 21
```

(5)
```
  75
× 65
```

(9)
```
  75
× 19
```

(2)
```
  75
× 32
```

(6)
```
  75
× 76
```

(10)
```
  75
× 20
```

(3)
```
  75
× 43
```

(7)
```
  75
× 87
```

(4)
```
  75
× 54
```

(8)
```
  75
× 98
```

2 Multiply.

4 points per question

(1)
$$\begin{array}{r} 86 \\ \times\ 21 \\ \hline \end{array}$$

(5)
$$\begin{array}{r} 86 \\ \times\ 65 \\ \hline \end{array}$$

(9)
$$\begin{array}{r} 27 \\ \times\ 26 \\ \hline \end{array}$$

(13)
$$\begin{array}{r} 27 \\ \times\ 60 \\ \hline \end{array}$$

(2)
$$\begin{array}{r} 86 \\ \times\ 32 \\ \hline \end{array}$$

(6)
$$\begin{array}{r} 86 \\ \times\ 76 \\ \hline \end{array}$$

(10)
$$\begin{array}{r} 27 \\ \times\ 37 \\ \hline \end{array}$$

(14)
$$\begin{array}{r} 27 \\ \times\ 71 \\ \hline \end{array}$$

(3)
$$\begin{array}{r} 86 \\ \times\ 43 \\ \hline \end{array}$$

(7)
$$\begin{array}{r} 86 \\ \times\ 87 \\ \hline \end{array}$$

(11)
$$\begin{array}{r} 27 \\ \times\ 48 \\ \hline \end{array}$$

(15)
$$\begin{array}{r} 27 \\ \times\ 82 \\ \hline \end{array}$$

(4)
$$\begin{array}{r} 86 \\ \times\ 54 \\ \hline \end{array}$$

(8)
$$\begin{array}{r} 86 \\ \times\ 98 \\ \hline \end{array}$$

(12)
$$\begin{array}{r} 27 \\ \times\ 59 \\ \hline \end{array}$$

Excellent! Let's check your answers.

2-Digits × 2-Digits

1 Multiply.

4 points per question

(1)
```
   4 8
 × 4 8
```

(2)
```
   4 8
 × 5 9
```

(3)
```
   4 8
 × 6 0
```

(4)
```
   4 8
 × 7 1
```

(5)
```
   4 8
 × 8 2
```

(6)
```
   5 8
 × 5 8
```

(7)
```
   5 8
 × 6 9
```

(8)
```
   5 8
 × 7 0
```

(9)
```
   5 8
 × 8 1
```

(10)
```
   5 8
 × 9 2
```

② Multiply.

4 points per question

(1)
$$\begin{array}{r} 79 \\ \times\ 36 \\ \hline \end{array}$$

(5)
$$\begin{array}{r} 79 \\ \times\ 64 \\ \hline \end{array}$$

(9)
$$\begin{array}{r} 59 \\ \times\ 37 \\ \hline \end{array}$$

(13)
$$\begin{array}{r} 60 \\ \times\ 60 \\ \hline \end{array}$$

(2)
$$\begin{array}{r} 79 \\ \times\ 47 \\ \hline \end{array}$$

(6)
$$\begin{array}{r} 79 \\ \times\ 75 \\ \hline \end{array}$$

(10)
$$\begin{array}{r} 59 \\ \times\ 48 \\ \hline \end{array}$$

(14)
$$\begin{array}{r} 60 \\ \times\ 71 \\ \hline \end{array}$$

(3)
$$\begin{array}{r} 79 \\ \times\ 58 \\ \hline \end{array}$$

(7)
$$\begin{array}{r} 79 \\ \times\ 86 \\ \hline \end{array}$$

(11)
$$\begin{array}{r} 59 \\ \times\ 59 \\ \hline \end{array}$$

(15)
$$\begin{array}{r} 60 \\ \times\ 82 \\ \hline \end{array}$$

(4)
$$\begin{array}{r} 79 \\ \times\ 69 \\ \hline \end{array}$$

(8)
$$\begin{array}{r} 79 \\ \times\ 97 \\ \hline \end{array}$$

(12)
$$\begin{array}{r} 60 \\ \times\ 59 \\ \hline \end{array}$$

Now it's time for something different!

1 Multiply.

5 points per question

(1)
```
    3 2 1
  ×   1 2
  □ □ □
□ □ □
□ □ □ □
```

(4)
```
    3 2 1
  ×   1 3
```

(7)
```
    3 2 1
  ×   4 2
  □ □ □
□ □ □ □
□ □ □ □
```

(2)
```
    3 2 1
  ×   3 2
    □ □ □
  □ □ □
□ □ □ □ □
```

(5)
```
    3 2 1
  ×   3 3
```

(8)
```
    3 2 1
  ×   4 3
```

(3)
```
    3 2 1
  ×   2 4
□ □ □ □
□ □ □
□ □ □ □
```

(6)
```
    3 2 1
  ×   2 7
```

② Multiply.

(1)
```
    4 0 6
  ×   2 6
```

(2)
```
    4 0 6
  ×   3 7
```

(3)
```
    4 0 6
  ×   4 8
```

(4)
```
    4 0 6
  ×   5 9
```

(5)
```
    4 0 6
  ×   6 0
```

(6)
```
    4 0 6
  ×   7 1
```

(7)
```
    4 3 2
  ×   4 1
```

(8)
```
    4 3 2
  ×   5 2
```

(9)
```
    4 3 2
  ×   6 3
```

(10)
```
    4 3 2
  ×   7 4
```

(11)
```
    4 3 2
  ×   8 5
```

(12)
```
    4 3 2
  ×   9 6
```

It never hurts to try again if you are not sure about your answer!

37

3-Digits × 2-Digits

Date   /   /

Name

Level
★★★

Score
/100

1 Multiply.

5 points per question

(1)
```
    9 0 8
  ×   4 8
```

(2)
```
    9 0 8
  ×   5 9
```

(3)
```
    9 0 8
  ×   6 0
```

(4)
```
    9 0 8
  ×   7 1
```

(5)
```
    3 1 4
  ×   5 7
```

(6)
```
    3 1 4
  ×   6 8
```

(7)
```
    3 1 4
  ×   7 9
```

(8)
```
    3 1 4
  ×   8 0
```

② Multiply.

5 points per question

(1)   709
    × 22

(2)   709
    × 44

(3)   709
    × 66

(4)   709
    × 88

(5)   280
    × 25

(6)   280
    × 37

(7)   280
    × 59

(8)   280
    × 60

(9)   417
    × 10

(10) 417
    × 32

(11) 417
    × 54

(12) 417
    × 65

Just take it one step at a time!

38   3-Digits × 2-Digits

Date   /   /

Name

Level ★★★

Score   /100

1   Multiply.

5 points per question

(1)
```
    1 2 5
  ×   1 2
```

(4)
```
    1 2 5
  ×   5 6
```

(7)
```
    5 4 3
  ×   4 7
```

(2)
```
    1 2 5
  ×   2 6
```

(5)
```
    5 4 3
  ×   1 6
```

(8)
```
    5 4 3
  ×   5 9
```

(3)
```
    1 2 5
  ×   4 8
```

(6)
```
    5 4 3
  ×   2 4
```

2 Multiply.

(1)
```
    2 3 4
  ×   1 2
```

(5)
```
    2 6 0
  ×   3 7
```

(9)
```
    1 4 6
  ×   4 5
```

(2)
```
    6 2 7
  ×   2 3
```

(6)
```
    5 2 7
  ×   2 0
```

(10)
```
    3 7 0
  ×   4 0
```

(3)
```
    3 0 8
  ×   5 2
```

(7)
```
    4 1 5
  ×   6 8
```

(11)
```
    6 0 7
  ×   3 3
```

(4)
```
    3 6 1
  ×   4 4
```

(8)
```
    9 0 4
  ×   5 9
```

(12)
```
    5 1 9
  ×   6 5
```

Impressive! You're doing really well!

3-Digits × 3-Digits

Date   /   /

Name

Level ★★★

Score

/100

1 Multiply.

5 points per question

(1)
```
    3 2 1
  ×   1 2 3
  ┌─┬─┬─┐
  │ │ │ │  ← 3×321
  ├─┼─┼─┼─┐
  │ │ │ │ │  ← 20×321
┌─┼─┼─┼─┼─┘
│ │ │ │ │  ← 100×321
├─┼─┼─┼─┼─┐
│ │ │ │ │ │  ← sum
└─┴─┴─┴─┴─┘
```

(2)
```
    3 2 1
  ×   1 2 4
  ┌─┬─┬─┐
  │ │ │ │  ← 4×321
  ┌─┼─┼─┤
  │ │ │ │  ← 20×321
┌─┼─┼─┼─┘
│ │ │ │  ← 100×321
├─┼─┼─┼─┬─┐
│ │ │ │ │ │
└─┴─┴─┴─┴─┘
```

(3)
```
    3 2 1
  ×   1 4 3
    ┌─┬─┐
    │ │ │
  ┌─┼─┼─┤
  │ │ │ │
┌─┼─┼─┘
│ │ │
├─┼─┼─┬─┬─┐
│ │ │ │ │ │
└─┴─┴─┴─┴─┘
```
← Once you have recognized that a '0' goes here, you don't need to write the '0.'

(4)
```
    3 2 1
  ×   4 1 2
```

(5)
```
    3 1 2
  ×   1 3 2
```

(6)
```
    3 1 2
  ×   1 3 5
```

(7)
```
    3 1 2
  ×   1 6 2
```

(8)
```
    3 1 2
  ×   6 3 1
```

2 Multiply.

(1)
$$346 \times 123$$

(2)
$$362 \times 234$$

(3)
$$378 \times 345$$

(4)
$$396 \times 456$$

(5)
$$403 \times 377$$

(6)
$$458 \times 425$$

(7)
$$470 \times 458$$

(8)
$$507 \times 514$$

(9)
$$529 \times 562$$

(10)
$$560 \times 623$$

(11)
$$600 \times 647$$

(12)
$$700 \times 682$$

Well done! Don't forget to check your answers.

3-Digits × 3-Digits

Date   /   /

Name

Level
★ ★ ★

Score

/100

1 Multiply.

5 points per question

(1)
```
   2 1 3
 × 1 9 4
```

(5)
```
   5 3 4
 × 4 0 8
```

(9)
```
   7 3 7
 × 7 8 0
```

(2)
```
   2 7 6
 × 2 0 4
```

(6)
```
   5 6 7
 × 5 7 0
```

(10)
```
   7 9 2
 × 8 0 0
```

(3)
```
   3 5 1
 × 2 4 0
```

(7)
```
   6 2 9
 × 6 0 0
```

(4)
```
   4 2 3
 × 3 0 0
```

(8)
```
   6 7 5
 × 7 0 5
```

2 Multiply.

(1)
```
   207
×  123
```

(5)
```
   380
×  306
```

(9)
```
   700
×  670
```

(2)
```
   309
×  207
```

(6)
```
   490
×  530
```

(10)
```
   900
×  700
```

(3)
```
   406
×  340
```

(7)
```
   560
×  600
```

(4)
```
   608
×  400
```

(8)
```
   400
×  509
```

You're almost done. Great job!

41

3-Digits × 3-Digits

Date ___ / ___ / ___

Name _____

Level ★★★

Score ___ /100

1 **Multiply.**

5 points per question

(1)
```
   106
 ×185
```

(2)
```
   187
 ×253
```

(3)
```
   218
 ×309
```

(4)
```
   289
 ×426
```

(5)
```
   320
 ×493
```

(6)
```
   361
 ×534
```

(7)
```
   384
 ×650
```

(8)
```
   457
 ×712
```

(9)
```
   490
 ×876
```

(10)
```
   532
 ×934
```

② Multiply.

(1)
$$
\begin{array}{r}
585 \\
\times 400 \\
\hline
\end{array}
$$

(2)
$$
\begin{array}{r}
618 \\
\times 352 \\
\hline
\end{array}
$$

(3)
$$
\begin{array}{r}
693 \\
\times 274 \\
\hline
\end{array}
$$

(4)
$$
\begin{array}{r}
706 \\
\times 168 \\
\hline
\end{array}
$$

(5)
$$
\begin{array}{r}
749 \\
\times 671 \\
\hline
\end{array}
$$

(6)
$$
\begin{array}{r}
781 \\
\times 537 \\
\hline
\end{array}
$$

(7)
$$
\begin{array}{r}
800 \\
\times 479 \\
\hline
\end{array}
$$

(8)
$$
\begin{array}{r}
837 \\
\times 978 \\
\hline
\end{array}
$$

(9)
$$
\begin{array}{r}
924 \\
\times 816 \\
\hline
\end{array}
$$

(10)
$$
\begin{array}{r}
992 \\
\times 763 \\
\hline
\end{array}
$$

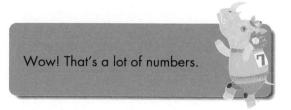

Wow! That's a lot of numbers.

Three Numbers ◆Multiplication

Date   /   /

Name

Score
/100

1 Calculate the expression in parentheses first, and then solve the problem.

4 points per question

(1) $(3 \times 2) \times 6 =$
   $3 \times (2 \times 6) =$

(2) $(3 \times 4) \times 5 =$
   $3 \times (4 \times 5) =$

(3) $(15 \times 3) \times 2 =$
   $15 \times (3 \times 2) =$

(4) $(18 \times 6) \times 5 =$
   $18 \times (6 \times 5) =$

(5) $(24 \times 5) \times 5 =$
   $24 \times (5 \times 5) =$

(6) $(27 \times 8) \times 5 =$
   $27 \times (8 \times 5) =$

(7) $(125 \times 2) \times 3 =$
   $125 \times (2 \times 3) =$

(8) $(120 \times 4) \times 2 =$
   $120 \times (4 \times 2) =$

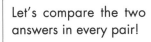

Let's compare the two answers in every pair!

Don't forget!

When multiplying three numbers, it doesn't matter if you multiply the first two numbers first, or the last two first. The answer will be the same either way!

2 Write the appropriate number in each box.

2 points per question

(1) $(6 \times 7) \times 8 = 6 \times (7 \times \boxed{})$

(2) $(12 \times 4) \times 5 = 12 \times (\boxed{} \times 5)$

(3) $(23 \times 6) \times 9 = \boxed{} \times (6 \times 9)$

(4) $(27 \times 5) \times \boxed{} = 27 \times (5 \times 7)$

3 Multiply.

(1) $8 \times 5 \times 7 =$

(2) $9 \times 4 \times 5 =$

(3) $6 \times 7 \times 8 =$

(4) $14 \times 2 \times 4 =$

(5) $16 \times 6 \times 5 =$

(6) $18 \times 5 \times 7 =$

(7) $21 \times 3 \times 3 =$

(8) $25 \times 4 \times 7 =$

(9) $27 \times 5 \times 2 =$

(10) $29 \times 4 \times 5 =$

(11) $33 \times 3 \times 2 =$

(12) $150 \times 2 \times 3 =$

(13) $225 \times 2 \times 4 =$

(14) $23 \times 15 \times 4 =$

(15) $25 \times 14 \times 5 =$

Excellent. Are you ready to review what you've learned?

Review

43

Date / /

Name

Level

Score /100

1 Multiply.

3 points per question

(1)
```
  6 3
×   7
```

(2)
```
  6 7
×   5
```

(3)
```
  4 8
×   8
```

(4)
```
  4 3
×   2
```

(5)
```
  9 7
×   8
```

(6)
```
  4 0
×   7
```

(7)
```
  8 8
×   6
```

(8)
```
  3 4
×   3
```

(9)
```
  5 9
×   9
```

(10)
```
  7 3
×   6
```

(11)
```
  7 8
×   4
```

(12) $69 \times 4 =$

2 Multiply.

4 points per question

(1)
```
  6 2 7
×     8
```

(2)
```
  2 5 4
×     3
```

(3)
```
  9 0 8
×     7
```

3 Multiply.

(1) $\begin{array}{r} 65 \\ \times\,43 \\ \hline \end{array}$

(4) $\begin{array}{r} 32 \\ \times\,32 \\ \hline \end{array}$

(7) $\begin{array}{r} 43 \\ \times\,27 \\ \hline \end{array}$

(10) $\begin{array}{r} 54 \\ \times\,36 \\ \hline \end{array}$

(2) $\begin{array}{r} 78 \\ \times\,30 \\ \hline \end{array}$

(5) $\begin{array}{r} 65 \\ \times\,75 \\ \hline \end{array}$

(8) $\begin{array}{r} 60 \\ \times\,54 \\ \hline \end{array}$

(11) $\begin{array}{r} 78 \\ \times\,98 \\ \hline \end{array}$

(3) $\begin{array}{r} 87 \\ \times\,67 \\ \hline \end{array}$

(6) $\begin{array}{r} 94 \\ \times\,76 \\ \hline \end{array}$

(9) $\begin{array}{r} 39 \\ \times\,93 \\ \hline \end{array}$

(12) $\begin{array}{r} 74 \\ \times\,58 \\ \hline \end{array}$

4 Write the appropriate number in each box.

2 points

$(27 \times 5) \times 8 = 27 \times (\boxed{} \times 8)$

5 Multiply.

2 points

$18 \times 5 \times 9 =$

Congratulations! You are ready for **Grade 4 Division**!

1 Addition Review   pp 2,3

1
(1) 37	(6) 50	(11) 53	(16) 81
(2) 57	(7) 61	(12) 54	(17) 70
(3) 76	(8) 79	(13) 62	(18) 82
(4) 66	(9) 80	(14) 90	(19) 81
(5) 83	(10) 55	(15) 81	(20) 95

2
(1) 78	(6) 100	(11) 123	(16) 102
(2) 83	(7) 128	(12) 140	(17) 117
(3) 95	(8) 126	(13) 147	(18) 135
(4) 119	(9) 132	(14) 142	(19) 121
(5) 107	(10) 118	(15) 132	(20) 115

2 Addition Review   pp 4,5

1
(1) 368	(6) 323	(11) 692	(16) 901
(2) 499	(7) 712	(12) 808	(17) 805
(3) 392	(8) 501	(13) 657	(18) 1190
(4) 304	(9) 588	(14) 422	(19) 1416
(5) 848	(10) 799	(15) 410	(20) 1005

2
(1) 93	(4) 152	(7) 770	(10) 809
(2) 74	(5) 100	(8) 574	(11) 900
(3) 117	(6) 375	(9) 861	(12) 971

3
| (1) 72 | (3) 147 | (5) 133 | (7) 89 |
| (2) 76 | (4) 84 | (6) 126 | (8) 134 |

3 Multiplication Review   pp 6,7

1
(1) 10	(15) 6	(29) 16
(2) 12	(16) 8	(30) 18
(3) 14	(17) 3	(31) 0
(4) 15	(18) 6	(32) 24
(5) 18	(19) 9	(33) 27
(6) 21	(20) 12	(34) 0
(7) 20	(21) 4	(35) 32
(8) 24	(22) 8	(36) 36
(9) 28	(23) 12	(37) 0
(10) 25	(24) 16	(38) 40
(11) 30	(25) 5	(39) 45
(12) 35	(26) 10	(40) 0
(13) 2	(27) 15	
(14) 4	(28) 20	

2
(1) 12	(11) 4	(21) 30
(2) 40	(12) 36	(22) 16
(3) 18	(13) 15	(23) 20
(4) 24	(14) 14	(24) 18
(5) 0	(15) 24	(25) 2
(6) 10	(16) 16	(26) 32
(7) 21	(17) 0	(27) 25
(8) 4	(18) 35	(28) 27
(9) 6	(19) 8	(29) 8
(10) 20	(20) 12	(30) 45

4 Multiplication Review   pp 8,9

1
(1) 35	(15) 21	(29) 56
(2) 42	(16) 28	(30) 63
(3) 49	(17) 6	(31) 0
(4) 30	(18) 12	(32) 48
(5) 36	(19) 18	(33) 54
(6) 42	(20) 24	(34) 0
(7) 45	(21) 9	(35) 72
(8) 54	(22) 18	(36) 81
(9) 63	(23) 27	(37) 0
(10) 40	(24) 36	(38) 64
(11) 48	(25) 8	(39) 72
(12) 56	(26) 16	(40) 0
(13) 7	(27) 24	
(14) 14	(28) 32	

2
(1) 28	(11) 12	(21) 54
(2) 72	(12) 72	(22) 48
(3) 54	(13) 27	(23) 40
(4) 48	(14) 42	(24) 42
(5) 0	(15) 56	(25) 6
(6) 30	(16) 32	(26) 64
(7) 49	(17) 0	(27) 45
(8) 8	(18) 63	(28) 63
(9) 14	(19) 24	(29) 16
(10) 36	(20) 24	(30) 81

5 Multiplication Review   pp 10,11

1
(1) 12	(13) 28	(25) 56
(2) 10	(14) 54	(26) 45
(3) 7	(15) 40	(27) 6
(4) 12	(16) 54	(28) 30
(5) 32	(17) 49	(29) 72
(6) 24	(18) 25	(30) 5
(7) 24	(19) 27	(31) 21
(8) 21	(20) 10	(32) 24
(9) 30	(21) 16	(33) 42
(10) 28	(22) 12	(34) 9
(11) 45	(23) 32	(35) 24
(12) 16	(24) 9	(36) 63

2
| (1) 3 | (3) 7 |
| (2) 6 | (4) 9 |

3
(1) 28	(17) 8	(33) 27
(2) 0	(18) 9	(34) 2
(3) 10	(19) 42	(35) 30
(4) 4	(20) 0	(36) 0
(5) 35	(21) 24	(37) 6
(6) 0	(22) 0	(38) 48
(7) 18	(23) 20	(39) 9
(8) 0	(24) 0	(40) 8
(9) 45	(25) 16	(41) 12
(10) 7	(26) 0	(42) 0
(11) 18	(27) 54	(43) 56
(12) 0	(28) 0	(44) 5
(13) 24	(29) 15	(45) 63
(14) 1	(30) 0	(46) 40
(15) 64	(31) 0	(47) 21
(16) 0	(32) 36	(48) 72

6 Mixed Review   pp 12,13

1
(1) 81	(6) 155	(11) 283	(16) 912
(2) 90	(7) 127	(12) 546	(17) 1472
(3) 85	(8) 135	(13) 577	(18) 826
(4) 95	(9) 112	(14) 771	(19) 93
(5) 119	(10) 103	(15) 772	(20) 138

2
(1) 42	(15) 27	(29) 3
(2) 10	(16) 4	(30) 54
(3) 16	(17) 63	(31) 16
(4) 4	(18) 0	(32) 40
(5) 8	(19) 21	(33) 21
(6) 9	(20) 48	(34) 8
(7) 0	(21) 2	(35) 12
(8) 28	(22) 15	(36) 45
(9) 30	(23) 0	(37) 63
(10) 81	(24) 72	(38) 0
(11) 0	(25) 10	(39) 18
(12) 14	(26) 36	(40) 64
(13) 32	(27) 0	
(14) 40	(28) 42	

Advice

If you scored over 85 on this section, review your mistakes and move on to the next section.

If you scored between 75 and 84 on this section, review the beginning of the book a little more before continuing.

If you scored less than 74 on this section, it might be a good idea to go back to our previous books in order to do an extended review.

If you made many mistakes in ①, try "Grade 3 Addition & Subtraction."

If you made many mistakes in ②, try "Grade 3 Multiplication."

⑦ 2-Digits × 2
pp 14, 15

①
```
  1 3      1 3
+ 1 3    ×   2
  2 6      2 6
```
⟨Ans.⟩ 26 notebooks

②
```
  3 4      3 4
+ 3 4    ×   2
  6 8      6 8
```
⟨Ans.⟩ 68 pencils

③
```
  6 2      6 2
+ 6 2    ×   2
  1 2 4    1 2 4
```
⟨Ans.⟩ 124 erasers

④
(1) 48	(6) 24	(11) 48
(2) 62	(7) 64	(12) 88
(3) 82	(8) 104	(13) 128
(4) 102	(9) 144	(14) 168
(5) 142	(10) 184	

⑧ 2-Digits × 3
pp 16, 17

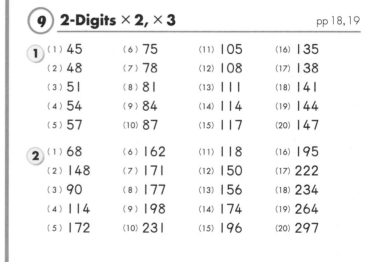

①
```
(1)  1 3     1 3
     1 3   ×   3
   + 1 3     3 9
     3 9

(2)  4 2     4 2
     4 2   ×   3
   + 4 2     1 2 6
     1 2 6

(3)  1 6     1 6
     1 6   ×   3
   + 1 6     4 8
     4 8

(4)  3 4     3 4
     3 4   ×   3
   + 3 4     1 0 2
     1 0 2

(5)  4 7     4 7
     4 7   ×   3
   + 4 7     1 4 1
     1 4 1
```

②
(1) 33	(5) 69	(9) 123	(13) 159
(2) 36	(6) 93	(10) 129	(14) 183
(3) 63	(7) 96	(11) 153	(15) 189
(4) 66	(8) 99	(12) 156	

⑨ 2-Digits × 2, × 3
pp 18, 19

①
(1) 45	(6) 75	(11) 105	(16) 135
(2) 48	(7) 78	(12) 108	(17) 138
(3) 51	(8) 81	(13) 111	(18) 141
(4) 54	(9) 84	(14) 114	(19) 144
(5) 57	(10) 87	(15) 117	(20) 147

②
(1) 68	(6) 162	(11) 118	(16) 195
(2) 148	(7) 171	(12) 150	(17) 222
(3) 90	(8) 177	(13) 156	(18) 234
(4) 114	(9) 198	(14) 174	(19) 264
(5) 172	(10) 231	(15) 196	(20) 297

⑩ 2-Digits × 3, × 4
pp 20, 21

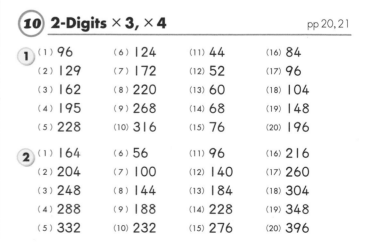

①
(1) 96	(6) 124	(11) 44	(16) 84
(2) 129	(7) 172	(12) 52	(17) 96
(3) 162	(8) 220	(13) 60	(18) 104
(4) 195	(9) 268	(14) 68	(19) 148
(5) 228	(10) 316	(15) 76	(20) 196

②
(1) 164	(6) 56	(11) 96	(16) 216
(2) 204	(7) 100	(12) 140	(17) 260
(3) 248	(8) 144	(13) 184	(18) 304
(4) 288	(9) 188	(14) 228	(19) 348
(5) 332	(10) 232	(15) 276	(20) 396

11 2-Digits × 4, × 5
pp 22, 23

1
(1) 124	(6) 155	(11) 55	(16) 105
(2) 168	(7) 215	(12) 65	(17) 120
(3) 212	(8) 275	(13) 75	(18) 125
(4) 256	(9) 335	(14) 85	(19) 180
(5) 300	(10) 395	(15) 95	(20) 245

2
(1) 205	(6) 70	(11) 120	(16) 270
(2) 260	(7) 125	(12) 175	(17) 325
(3) 315	(8) 180	(13) 230	(18) 380
(4) 370	(9) 235	(14) 285	(19) 435
(5) 425	(10) 290	(15) 345	(20) 495

12 2-Digits × 5, × 6
pp 24, 25

1
(1) 155	(6) 186	(11) 66	(16) 126
(2) 210	(7) 258	(12) 78	(17) 144
(3) 265	(8) 330	(13) 90	(18) 150
(4) 330	(9) 402	(14) 102	(19) 216
(5) 385	(10) 474	(15) 114	(20) 294

2
(1) 84	(6) 144	(11) 246	(16) 324
(2) 150	(7) 210	(12) 312	(17) 390
(3) 216	(8) 276	(13) 378	(18) 456
(4) 282	(9) 342	(14) 444	(19) 522
(5) 348	(10) 414	(15) 510	(20) 594

13 2-Digits × 6, × 7
pp 26, 27

1
(1) 186	(6) 217	(11) 77	(16) 147
(2) 252	(7) 301	(12) 91	(17) 168
(3) 318	(8) 385	(13) 105	(18) 175
(4) 396	(9) 469	(14) 119	(19) 252
(5) 462	(10) 553	(15) 133	(20) 343

2
(1) 98	(6) 168	(11) 287	(16) 378
(2) 175	(7) 245	(12) 364	(17) 455
(3) 252	(8) 322	(13) 441	(18) 532
(4) 329	(9) 399	(14) 518	(19) 609
(5) 406	(10) 483	(15) 595	(20) 693

14 2-Digits × 7, × 8
pp 28, 29

1
(1) 217	(6) 248	(11) 88	(16) 168
(2) 294	(7) 344	(12) 104	(17) 192
(3) 371	(8) 440	(13) 120	(18) 208
(4) 462	(9) 536	(14) 136	(19) 296
(5) 539	(10) 632	(15) 152	(20) 392

2
(1) 112	(6) 192	(11) 336	(16) 432
(2) 200	(7) 280	(12) 424	(17) 520
(3) 288	(8) 368	(13) 512	(18) 608
(4) 376	(9) 456	(14) 600	(19) 696
(5) 464	(10) 552	(15) 688	(20) 792

15 2-Digits × 8, × 9
pp 30, 31

1
(1) 248	(6) 279	(11) 99	(16) 189
(2) 336	(7) 387	(12) 117	(17) 216
(3) 424	(8) 495	(13) 135	(18) 234
(4) 528	(9) 603	(14) 153	(19) 333
(5) 616	(10) 711	(15) 171	(20) 441

2
(1) 126	(6) 216	(11) 369	(16) 486
(2) 225	(7) 315	(12) 468	(17) 585
(3) 324	(8) 414	(13) 567	(18) 684
(4) 423	(9) 513	(14) 666	(19) 783
(5) 522	(10) 621	(15) 765	(20) 891

16 2-Digits × 1-Digit
pp 32, 33

1
(1) 40	(6) 200	(11) 180	(16) 320
(2) 60	(7) 240	(12) 240	(17) 400
(3) 120	(8) 280	(13) 350	(18) 480
(4) 150	(9) 400	(14) 420	(19) 630
(5) 180	(10) 450	(15) 490	(20) 720

2
(1) 360	(6) 490	(11) 72	(16) 190
(2) 82	(7) 568	(12) 135	(17) 540
(3) 126	(8) 504	(13) 188	(18) 680
(4) 172	(9) 438	(14) 230	(19) 595
(5) 220	(10) 296	(15) 288	(20) 765

17 2-Digits × 1-Digit
pp 34, 35

1
(1) 90	(6) 328	(11) 79	(16) 630
(2) 135	(7) 415	(12) 237	(17) 426
(3) 344	(8) 504	(13) 395	(18) 316
(4) 387	(9) 546	(14) 553	(19) 468
(5) 435	(10) 621	(15) 711	(20) 616

2
(1) 86	(6) 270	(11) 100	(16) 180
(2) 84	(7) 144	(12) 125	(17) 216
(3) 168	(8) 432	(13) 150	(18) 252
(4) 504	(9) 333	(14) 200	(19) 288
(5) 406	(10) 624	(15) 225	(20) 324

18 2-Digits × 1-Digit pp 36, 37

1
(1) 114	(6) 294	(11) 260	(16) 144
(2) 246	(7) 364	(12) 152	(17) 235
(3) 300	(8) 330	(13) 354	(18) 440
(4) 396	(9) 304	(14) 469	(19) 413
(5) 432	(10) 603	(15) 712	(20) 693

2
(1) 192	(6) 264	(11) 384	(16) 392
(2) 288	(7) 420	(12) 576	(17) 588
(3) 474	(8) 602	(13) 672	(18) 686
(4) 483	(9) 696	(14) 768	(19) 784
(5) 522	(10) 792	(15) 864	(20) 882

19 2-Digits × 1-Digit pp 38, 39

1
(1) 80	(8) 250	(15) 462
(2) 132	(9) 330	(16) 594
(3) 240	(10) 385	(17) 200
(4) 308	(11) 495	(18) 165
(5) 352	(12) 264	(19) 300
(6) 396	(13) 396	(20) 132
(7) 220	(14) 528	

2
(1) 102	(8) 225	(15) 448
(2) 170	(9) 315	(16) 504
(3) 204	(10) 360	(17) 136
(4) 238	(11) 405	(18) 135
(5) 272	(12) 112	(19) 168
(6) 306	(13) 224	(20) 280
(7) 180	(14) 336	

20 2-Digits × 1-Digit pp 40, 41

1
(1) 148	(8) 288	(15) 472
(2) 185	(9) 384	(16) 531
(3) 222	(10) 432	(17) 111
(4) 259	(11) 177	(18) 240
(5) 296	(12) 295	(19) 118
(6) 333	(13) 413	(20) 236
(7) 192	(14) 354	

2
(1) 228	(8) 340	(15) 312
(2) 342	(9) 476	(16) 351
(3) 456	(10) 544	(17) 171
(4) 285	(11) 612	(18) 136
(5) 399	(12) 78	(19) 272
(6) 513	(13) 195	(20) 234
(7) 204	(14) 273	

21 3-Digits × 1-Digit pp 42, 43

1
(1) 360	(8) 848	(15) 609
(2) 480	(9) 693	(16) 812
(3) 630	(10) 826	(17) 1015
(4) 242	(11) 600	(18) 1421
(5) 268	(12) 603	(19) 1827
(6) 366	(13) 606	(20) 1632
(7) 448	(14) 406	

2
(1) 600	(6) 1012	(11) 452	(16) 645
(2) 2000	(7) 1518	(12) 342	(17) 1075
(3) 1200	(8) 1521	(13) 575	(18) 648
(4) 1000	(9) 2540	(14) 852	(19) 651
(5) 1008	(10) 3054	(15) 642	(20) 654

22 3-Digits × 1-Digit pp 44, 45

1
(1) 357	(6) 1580	(11) 2478	(16) 2595
(2) 892	(7) 1896	(12) 2070	(17) 4896
(3) 687	(8) 1268	(13) 2496	(18) 3678
(4) 948	(9) 1292	(14) 1554	(19) 4291
(5) 1264	(10) 2080	(15) 2076	(20) 2460

2
(1) 480	(6) 3042	(11) 924	(16) 1160
(2) 650	(7) 4256	(12) 729	(17) 1566
(3) 840	(8) 5672	(13) 756	(18) 1897
(4) 1980	(9) 5649	(14) 849	(19) 2568
(5) 3420	(10) 5436	(15) 744	(20) 3069

23 3-Digits × 1-Digit pp 46, 47

1
(1) 486	(6) 1225	(11) 508	(16) 1320
(2) 729	(7) 1470	(12) 762	(17) 1584
(3) 972	(8) 1715	(13) 1016	(18) 1848
(4) 1215	(9) 1960	(14) 1270	(19) 2112
(5) 1458	(10) 2205	(15) 1524	(20) 2376

2
(1) 480	(6) 1520	(11) 1687	(16) 1212
(2) 720	(7) 1824	(12) 732	(17) 1565
(3) 960	(8) 2128	(13) 738	(18) 1938
(4) 1200	(9) 2432	(14) 744	(19) 1344
(5) 1440	(10) 2736	(15) 2072	(20) 1730

(24) 3-Digits × 1-Digit
pp 48, 49

1

(1) 365 × 5 1825	(6) 388 × 4 1552	(11) 454 × 6 2724	(16) 540 × 7 3780
(2) 372 × 3 1116	(7) 392 × 4 1568	(12) 466 × 9 4194	(17) 579 × 4 2316
(3) 382 × 3 1146	(8) 423 × 3 1269	(13) 478 × 7 3346	(18) 598 × 5 2990
(4) 383 × 8 3064	(9) 431 × 7 3017	(14) 483 × 9 4347	(19) 614 × 7 4298
(5) 384 × 6 2304	(10) 443 × 5 2215	(15) 519 × 9 4671	(20) 627 × 8 5016

2

(1) 1270	(6) 4445	(11) 5012	(16) 2544
(2) 1905	(7) 5080	(12) 5082	(17) 2577
(3) 2540	(8) 5715	(13) 2908	(18) 8244
(4) 3175	(9) 3230	(14) 5888	(19) 5562
(5) 3810	(10) 4529	(15) 6723	(20) 4795

(25) 4-Digits × 1-Digit
pp 50, 51

1

(1) 4321 × 2 8642	(5) 3402 × 3 10206	(9) 3614 × 4 14456
(2) 4321 × 4 17284	(6) 3402 × 5 17010	(10) 5625 × 7 39375
(3) 4321 × 6 25926	(7) 3402 × 7 23814	
(4) 4321 × 8 34568	(8) 3402 × 9 30618	

2

(1) 3079 × 2 6158	(6) 1395 × 5 6975	(11) 2468 × 8 19744
(2) 3079 × 4 12316	(7) 1395 × 7 9765	(12) 2589 × 3 7767
(3) 3079 × 6 18474	(8) 2468 × 2 4936	(13) 2589 × 5 12945
(4) 3079 × 8 24632	(9) 2468 × 4 9872	(14) 2589 × 7 18123
(5) 1395 × 3 4185	(10) 2468 × 6 14808	(15) 2589 × 9 23301

(26) 2-Digits × 2-Digits
pp 52, 53

1

(1) 32 ×13 96 320 416	(5) 32 ×12 64 32 384	(9) 32 ×47 224 128 1504
(2) 32 ×24 128 640 768	(6) 32 ×35 160 96 1120	(10) 32 ×76 192 224 2432
(3) 32 ×42 64 128 1344	(7) 32 ×53 96 160 1696	
(4) 32 ×54 128 160 1728	(8) 32 ×64 128 192 2048	

2

(1) 32 ×22 64 64 704	(5) 32 ×31 32 96 992	(9) 32 ×43 96 128 1376	(13) 32 ×53 96 160 1696
(2) 32 ×23 96 64 736	(6) 32 ×33 96 96 1056	(10) 32 ×44 128 128 1408	(14) 32 ×63 96 192 2016
(3) 32 ×25 160 64 800	(7) 32 ×35 160 96 1120	(11) 32 ×45 160 128 1440	(15) 32 ×73 96 224 2336
(4) 32 ×26 192 64 832	(8) 32 ×37 224 96 1184	(12) 32 ×46 192 128 1472	

(27) 2-Digits × 2-Digits

pp 54, 55

(1)

(1)
```
    42
  × 23
  126
  84
  966
```

(5)
```
    42
  × 33
  126
  126
  1386
```

(9)
```
    42
  × 43
  126
  168
  1806
```

(2)
```
    42
  × 24
  168
  84
  1008
```

(6)
```
    42
  × 34
  168
  126
  1428
```

(10)
```
    42
  × 46
  252
  168
  1932
```

(3)
```
    42
  × 26
  252
  84
  1092
```

(7)
```
    42
  × 36
  252
  126
  1512
```

(4)
```
    42
  × 27
  294
  84
  1134
```

(8)
```
    42
  × 37
  294
  126
  1554
```

(2)

(1)
```
    23
  × 22
  46
  46
  506
```

(5)
```
    23
  × 33
  69
  69
  759
```

(9)
```
    23
  × 31
  23
  69
  713
```

(13)
```
    23
  × 75
  115
  161
  1725
```

(2)
```
    23
  × 24
  92
  46
  552
```

(6)
```
    23
  × 35
  115
  69
  805
```

(10)
```
    23
  × 42
  46
  92
  966
```

(14)
```
    23
  × 86
  138
  184
  1978
```

(3)
```
    23
  × 26
  138
  46
  598
```

(7)
```
    23
  × 37
  161
  69
  851
```

(11)
```
    23
  × 53
  69
  115
  1219
```

(15)
```
    23
  × 97
  161
  207
  2231
```

(4)
```
    23
  × 28
  184
  46
  644
```

(8)
```
    23
  × 39
  207
  69
  897
```

(12)
```
    23
  × 64
  92
  138
  1472
```

(28) 2-Digits × 2-Digits

pp 56, 57

(1)
(1) 552 (5) 816 (9) 1872
(2) 600 (6) 1080 (10) 2136
(3) 648 (7) 1344
(4) 696 (8) 1608

(2)
(1) 850   (5) 861   (9) 1248 (13) 1431
(2) 1564 (6) 1722 (10) 2392 (14) 3286
(3) 2278 (7) 2583 (11) 2964 (15) 4452
(4) 3026 (8) 3444 (12) 4108

(29) 2-Digits × 2-Digits

pp 58, 59

(1)

(1)
```
    52
  × 24
  208
  104
  1248
```

(5)
```
    62
  × 24
  248
  124
  1488
```

(9)
```
    43
  × 46
  258
  172
  1978
```

(2)
```
    52
  × 46
  312
  208
  2392
```

(6)
```
    62
  × 46
  372
  248
  2852
```

(10)
```
    43
  × 79
  387
  301
  3397
```

(3)
```
    52
  × 57
  364
  260
  2964
```

(7)
```
    62
  × 57
  434
  310
  3534
```

(4)
```
    52
  × 79
  468
  364
  4108
```

(8)
```
    62
  × 79
  558
  434
  4898
```

(2)

(1)
```
    72
  × 33
  216
  216
  2376
```

(5)
```
    33
  × 72
  66
  231
  2376
```

(9)
```
    54
  × 82
  108
  432
  4428
```

(13)
```
    82
  × 56
  492
  410
  4592
```

(2)
```
    72
  × 43
  216
  288
  3096
```

(6)
```
    43
  × 72
  86
  301
  3096
```

(10)
```
    65
  × 82
  130
  520
  5330
```

(14)
```
    82
  × 65
  410
  492
  5330
```

(3)
```
    83
  × 22
  166
  166
  1826
```

(7)
```
    22
  × 83
  66
  176
  1826
```

(11)
```
    76
  × 82
  152
  608
  6232
```

(15)
```
    82
  × 76
  492
  574
  6232
```

(4)
```
    83
  × 55
  415
  415
  4565
```

(8)
```
    55
  × 83
  165
  440
  4565
```

(12)
```
    87
  × 82
  174
  696
  7134
```

(30) 2-Digits × 2-Digits

1

(1)
$$\begin{array}{r} 40 \\ \times 13 \\ \hline 120 \\ 40 \\ \hline 520 \end{array}$$

(5)
$$\begin{array}{r} 40 \\ \times 54 \\ \hline 160 \\ 200 \\ \hline 2160 \end{array}$$

(9)
$$\begin{array}{r} 40 \\ \times 89 \\ \hline 360 \\ 320 \\ \hline 3560 \end{array}$$

(2)
$$\begin{array}{r} 40 \\ \times 24 \\ \hline 160 \\ 80 \\ \hline 960 \end{array}$$

(6)
$$\begin{array}{r} 40 \\ \times 65 \\ \hline 200 \\ 240 \\ \hline 2600 \end{array}$$

(10)
$$\begin{array}{r} 40 \\ \times 93 \\ \hline 120 \\ 360 \\ \hline 3720 \end{array}$$

(3)
$$\begin{array}{r} 40 \\ \times 35 \\ \hline 200 \\ 120 \\ \hline 1400 \end{array}$$

(7)
$$\begin{array}{r} 40 \\ \times 76 \\ \hline 240 \\ 280 \\ \hline 3040 \end{array}$$

(4)
$$\begin{array}{r} 40 \\ \times 46 \\ \hline 240 \\ 160 \\ \hline 1840 \end{array}$$

(8)
$$\begin{array}{r} 40 \\ \times 87 \\ \hline 280 \\ 320 \\ \hline 3480 \end{array}$$

2

(1)
$$\begin{array}{r} 13 \\ \times 40 \\ \hline \boxed{5}\boxed{2}0 \end{array}$$

(5)
$$\begin{array}{r} 40 \\ \times 20 \\ \hline \boxed{8}\boxed{0}0 \end{array}$$

(9)
$$\begin{array}{r} 13 \\ \times 30 \\ \hline 390 \end{array}$$

(13)
$$\begin{array}{r} 46 \\ \times 30 \\ \hline 1380 \end{array}$$

(2)
$$\begin{array}{r} 24 \\ \times 40 \\ \hline 960 \end{array}$$

(6)
$$\begin{array}{r} 40 \\ \times 30 \\ \hline 1200 \end{array}$$

(10)
$$\begin{array}{r} 24 \\ \times 30 \\ \hline 720 \end{array}$$

(14)
$$\begin{array}{r} 30 \\ \times 46 \\ \hline 180 \\ 120 \\ \hline 1380 \end{array}$$

(3)
$$\begin{array}{r} 35 \\ \times 40 \\ \hline 1400 \end{array}$$

(7)
$$\begin{array}{r} 40 \\ \times 70 \\ \hline 2800 \end{array}$$

(11)
$$\begin{array}{r} 35 \\ \times 30 \\ \hline 1050 \end{array}$$

(15)
$$\begin{array}{r} 30 \\ \times 57 \\ \hline 210 \\ 150 \\ \hline 1710 \end{array}$$

(4)
$$\begin{array}{r} 46 \\ \times 40 \\ \hline 1840 \end{array}$$

(8)
$$\begin{array}{r} 40 \\ \times 50 \\ \hline 2000 \end{array}$$

(12)
$$\begin{array}{r} 68 \\ \times 30 \\ \hline 2040 \end{array}$$

(31) 2-Digits × 2-Digits
pp 62,63

1

(1) 1728	(5) 3904	(9) 525
(2) 2432	(6) 2520	(10) 910
(3) 3136	(7) 2905	
(4) 3200	(8) 3290	

2

(1) 792	(5) 2376	(9) 2145	(13) 5005
(2) 1188	(6) 2772	(10) 2860	(14) 5720
(3) 1584	(7) 3168	(11) 3575	(15) 6435
(4) 1980	(8) 3564	(12) 4290	

(32) 2-Digits × 2-Digits
pp 64,65

1

(1) 1012	(5) 4554	(9) 3145
(2) 1518	(6) 1110	(10) 3552
(3) 2530	(7) 1924	
(4) 3542	(8) 2331	

2

(1) 988	(5) 2280	(9) 1274	(13) 2940
(2) 1406	(6) 2698	(10) 1813	(14) 3479
(3) 1824	(7) 3116	(11) 2352	(15) 4018
(4) 2242	(8) 3534	(12) 2891	

(33) 2-Digits × 2-Digits
pp 66,67

1

(1) 465	(5) 2294	(9) 3720
(2) 1147	(6) 992	(10) 5146
(3) 1488	(7) 2356	
(4) 1953	(8) 3038	

2

(1) 1071	(5) 3213	(9) 1458	(13) 3294
(2) 1764	(6) 3906	(10) 2052	(14) 3888
(3) 2457	(7) 4599	(11) 2646	(15) 4482
(4) 2520	(8) 5292	(12) 2700	

(34) 2-Digits × 2-Digits
pp 68,69

1

(1) 1575	(5) 4875	(9) 1425
(2) 2400	(6) 5700	(10) 1500
(3) 3225	(7) 6525	
(4) 4050	(8) 7350	

2

(1) 1806	(5) 5590	(9) 702	(13) 1620
(2) 2752	(6) 6536	(10) 999	(14) 1917
(3) 3698	(7) 7482	(11) 1296	(15) 2214
(4) 4644	(8) 8428	(12) 1593	

35 2-Digits × 2-Digits   pp 70,71

1 (1) 2304 (5) 3936 (9) 4698
(2) 2832 (6) 3364 (10) 5336
(3) 2880 (7) 4002
(4) 3408 (8) 4060

2 (1) 2844 (5) 5056 (9) 2183 (13) 3600
(2) 3713 (6) 5925 (10) 2832 (14) 4260
(3) 4582 (7) 6794 (11) 3481 (15) 4920
(4) 5451 (8) 7663 (12) 3540

36 3-Digits × 2-Digits   pp 72,73

1 (1)
```
    321
  ×  12
    642
   321
   3852
```
(4)
```
    321
  ×  13
    963
   321
   4173
```
(7)
```
    321
  ×  42
    642
   1284
   13482
```
(2)
```
    321
  ×  32
    642
   963
   10272
```
(5)
```
    321
  ×  33
    963
   963
   10593
```
(8)
```
    321
  ×  43
    963
   1284
   13803
```
(3)
```
    321
  ×  24
   1284
   642
   7704
```
(6)
```
    321
  ×  27
   2247
   642
   8667
```

2 (1)
```
    406
  ×  26
   2436
   812
   10556
```
(5)
```
    406
  ×  60
   24360
```
(9)
```
    432
  ×  63
   1296
   2592
   27216
```
(2)
```
    406
  ×  37
   2842
   1218
   15022
```
(6)
```
    406
  ×  71
    406
   2842
   28826
```
(10)
```
    432
  ×  74
   1728
   3024
   31968
```
(3)
```
    406
  ×  48
   3248
   1624
   19488
```
(7)
```
    432
  ×  41
    432
   1728
   17712
```
(11)
```
    432
  ×  85
   2160
   3456
   36720
```
(4)
```
    406
  ×  59
   3654
   2030
   23954
```
(8)
```
    432
  ×  52
    864
   2160
   22464
```
(12)
```
    432
  ×  96
   2592
   3888
   41472
```

37 3-Digits × 2-Digits   pp 74,75

1 (1) 43584 (4) 64468 (7) 24806
(2) 53572 (5) 17898 (8) 25120
(3) 54480 (6) 21352

2 (1) 15598 (5) 7000 (9) 4170
(2) 31196 (6) 10360 (10) 13344
(3) 46794 (7) 16520 (11) 22518
(4) 62392 (8) 16800 (12) 27105

38 3-Digits × 2-Digits   pp 76,77

1 (1) 1500 (4) 7000 (7) 25521
(2) 3250 (5) 8688 (8) 32037
(3) 6000 (6) 13032

2 (1) 2808 (5) 9620 (9) 6570
(2) 14421 (6) 10540 (10) 14800
(3) 16016 (7) 28220 (11) 20031
(4) 15884 (8) 53336 (12) 33735

39 3-Digits × 3-Digits   pp 78,79

1 (1)
```
     321
   ×123
     963
    6420
   32100
   39483
```
(4)
```
     321
   ×412
     642
     321
    1284
   132252
```
(7)
```
     312
   ×162
     624
    1872
     312
   50544
```
(2)
```
     321
   ×124
    1284
    6420
   32100
   39804
```
(5)
```
     312
   ×132
     624
     936
     312
   41184
```
(8)
```
     312
   ×631
     312
     936
    1872
   196872
```
(3)
```
     321
   ×143
     963
    1284
    321
   45903
```
(6)
```
     312
   ×135
    1560
     936
     312
   42120
```

2 (1) 42558 (5) 151931 (9) 297298
(2) 84708 (6) 194650 (10) 348880
(3) 130410 (7) 215260 (11) 388200
(4) 180576 (8) 260598 (12) 477400

40 3-Digits × 3-Digits

1
(1) 41322　(5) 217872　(9) 574860
(2) 56304　(6) 323190　(10) 633600
(3) 84240　(7) 377400
(4) 126900　(8) 475875

2
(1) 25461　(5) 116280　(9) 469000
(2) 63963　(6) 259700　(10) 630000
(3) 138040　(7) 336000
(4) 243200　(8) 203600

41 3-Digits × 3-Digits
pp 82, 83

1
(1) 19610　(5) 157760　(9) 429240
(2) 47311　(6) 192774　(10) 496888
(3) 67362　(7) 249600
(4) 123114　(8) 325384

2
(1) 234000　(5) 502579　(9) 753984
(2) 217536　(6) 419397　(10) 756896
(3) 189882　(7) 383200
(4) 118608　(8) 818586

42 Three Numbers ◆Multiplication
pp 84, 85

1
(1) $(3×2)×6=36$
　　$3×(2×6)=36$
(2) $(3×4)×5=60$
　　$3×(4×5)=60$
(3) $(15×3)×2=90$
　　$15×(3×2)=90$
(4) $(18×6)×5=540$
　　$18×(6×5)=540$
(5) $(24×5)×5=600$
　　$24×(5×5)=600$
(6) $(27×8)×5=1080$
　　$27×(8×5)=1080$
(7) $(125×2)×3=750$
　　$125×(2×3)=750$
(8) $(120×4)×2=960$
　　$120×(4×2)=960$

2
(1) 8　(3) 23
(2) 4　(4) 7

3
(1) 280
(2) 180
(3) 336
(4) 112
(5) 480
(6) 630
(7) 189
(8) 700
(9) 270
(10) 580
(11) 198
(12) 900
(13) 1800
(14) 1380
(15) 1750

43 Review
pp 86, 87

1
(1) 441　(5) 776　(9) 531
(2) 335　(6) 280　(10) 438
(3) 384　(7) 528　(11) 312
(4) 86　(8) 102　(12) 276

2
(1) 5016　(2) 762　(3) 6356

3
(1) 2795　(4) 1024　(7) 1161　(10) 1944
(2) 2340　(5) 4875　(8) 3240　(11) 7644
(3) 5829　(6) 7144　(9) 3627　(12) 4292

4 5

5 810

Advice
If you made many mistakes in **1**, start reviewing on page 14.
If you made many mistakes in **2**, start reviewing on page 42.
If you made many mistakes in **3**, start reviewing on page 52.
If you made a mistake in **4** or **5**, try reviewing the section that starts on page 84.